Thomas Kirchen

# Mobile Betriebliche Sozialarbeit

Anforderungen an ein Konzept aus Sicht der Sozialen Arbeit
unter Berücksichtigung der Mobbing-Thematik

Thomas Kirchen

# MOBILE BETRIEBLICHE SOZIALARBEIT

Anforderungen an ein Konzept aus Sicht der Sozialen Arbeit
unter Berücksichtigung der Mobbing-Thematik

*ibidem*-Verlag
Stuttgart

**Bibliografische Information Der Deutschen Bibliothek**

Die Deutsche Bibliothek verzeichnet diese Publikation in der Deutschen Nationalbibliografie; detaillierte bibliografische Daten sind im Internet über <http://dnb.ddb.de> abrufbar.

∞

Gedruckt auf alterungsbeständigem, säurefreien Papier
Printed on acid-free paper

ISBN: 3-89821-370-6

© *ibidem*-Verlag
Stuttgart 2004
Alle Rechte vorbehalten

5

# Abkürzungsverzeichnis

| | |
|---|---|
| ABH | Ausbildungsbegleitende Hilfen |
| AEG | Allgemeine Elektrizitätsgesellschaft |
| AFG | Arbeitsförderungsgesetz |
| AG | Aktiengesellschaft |
| BetrVG | Betriebsverfassungsgesetz |
| BGB | Bürgerliches Gesetzbuch |
| BSA | Betriebliche Sozialarbeit |
| BSHG | Bundessozialhilfegesetz |
| bzw. | beziehungsweise |
| DAF | Deutsche Arbeiterfront |
| DGB | Deutscher Gewerkschaftsbund |
| ESF | Europäischer Sozialfond |
| GbR | Gesellschaft bürgerlichen Rechts |
| GF | Gesundheitsförderung |
| GmbH | Gesellschaft mit beschränkter Haftung |
| GKV | Gesetzliche Krankenversicherung |
| Hrsg. | Herausgeber |
| Kitas | Kindertagesstätten |
| KJHG | Kinder- und Jugendhilfegesetz |
| MBSA | Mobile Betriebliche Sozialarbeit |
| NPO | Non-Profit-Organisationen |
| PartnG | Partnergesellschaften |
| PersVG | Personalvertretungsgesetz |
| SA | Sozialarbeiter |
| SGB | Sozialgesetzbuch |
| SKH | Suchtkrankenhelfer |
| StGB | Strafgesetzbuch |
| SP | Sozialarbeiter |

**Teil I**

# 1. Einleitung

Die vorliegende Studie beabsichtigt, auf Grundlage des sozialarbeiterischen/sozialpädagogischen Handlungsfeldes der Betrieblichen Sozialarbeit mögliche konzeptionelle Eckpunkte für die Implementierung eines mobilen Serviceangebotes zu erarbeiten. Ziel der Untersuchung ist, ein Grundgerüst bzw. eine Orientierungshilfe für die weiterführende Ausgestaltung einer Konzeptidee der MBSA zu schaffen.

Um die nachfolgenden Ausführungen übersichtlicher zu gestalten, wird auf die geschlechtsspezifische Anrede verzichtet. Die verwendete männliche Form schließt selbstverständlich auch die weibliche Form mit ein. Außerdem werden die Berufsbezeichnungen Sozialarbeiter bzw. Sozialpädagoge zusammengefasst. Damit wird der Beobachtung Rechnung getragen, dass in der Praxis der Sozialen Arbeit zwischen beiden Berufsbezeichnungen nicht mehr unterschieden wird. Entgegen des im sozialarbeiterischen/sozialpädagogischen Kontext noch häufig verwendeten Terminus „Klient", wird folgend, außer in Zitaten, die Bezeichnung „Adressaten" bzw. „Betroffene" für die Zielgruppe von Sozialer Arbeit verwendet, da der Gebrauch des Begriffs „Klient" für Adressaten von Unterstützungsangeboten häufig stigmatisierend wirkt.

## 1.1. Berufspolitischer Zugang zur Thematik

Der Motivation zur Beschäftigung mit der Thematik der BSA liegt zum einen persönliches Interesse und Erfahrungen in diesem Tätigkeitsbereich zugrunde. Zum anderen ist das Interesse handlungsleitend, soziale Fragestellungen mit wirtschaftlichen Gesichtspunkten zu verbinden. Hier ist zwischen zwei Fragestellungen zu differenzieren: In wie weit haben SA/SP betriebswirtschaftliche Kenntnisse mit sozialer bzw. fachlicher Kompetenz zu verbinden? Und ist speziell in der BSA eine Verquickung von Gewinnstreben der Unternehmen mit sozialen Belangen der Belegschaft vom sozialarbeiterischen/sozialpädagogischen Standpunkt aus zu vereinbaren?

Der ersten Fragestellung wird mit dem Aufgreifen einer Konzeptidee entsprochen, die auf ihre Anforderungen aus Sicht der Sozialen Arbeit überprüft wird. In Zusammenhang mit der zweiten Fragestellung wird auch häufig vom „Randgruppendasein" der BSA innerhalb der Sozialen Arbeit gesprochen. Nachfolgend soll folgende Einschätzung wiedergegeben werden:

> „Die Verknüpfung von sozialen Fragen mit wirtschaftlichen Aspekten ist in der Sozialarbeit oftmals kontrovers diskutiert worden. Die Frage der Unterstützung von Unternehmen

bei der Erreichung ihrer wirtschaftlichen Ziele ist/war für die Ethik der Sozialarbeit kein akzeptables Ziel. So wurde besonders im letzten Jahrzehnt die Verknüpfung von Wirtschaft und Sozialarbeit vor allem in den Bereich des Sozialmanagements verlagert. Hier hat sich viel entwickelt und die Einbeziehung wirtschaftlicher Aspekte zur Unterstützung und Umsetzung sozialer Interessen ist eine unbestrittene Notwendigkeit geworden."[1]

Auch die nachfolgenden Zitate beschreiben eine von SA/SP häufig rezeptierten Auffassung von Sozialer Arbeit, die vor allem für den Aufgabenbereich der BSA nicht förderlich erscheint.

> „Wohltäter dürfen sich Leistungen nicht bezahlen lassen!"
> „Soziale Arbeit hat selbstlose Hilfe am Nächsten zu leisten!"

> „Soziale Arbeit bedarf keiner Erklärung!"
> „Soziale Arbeit erklärt sich von selbst! Sie bedarf keiner weiteren Beschreibung und Auslegung!"

> „Der soziale Auftrag muß verteidigt werden!"

> „Soziales Engagement bedarf keiner weiteren Prüfung"[2]

Die möglicherweise mit einer sozialarbeiterischen/sozialpädagogischen Verortung in der BSA einhergehenden systemstützenden Aspekte müssen erkannt und differenziert betrachtet werden. Hierauf wird an anderer Stelle näher eingegangen. Die in Zitaten verwendeten Bezeichnungen „Sozialberater" bzw. „Sozialberatung in Betrieben", werden bezüglich des inhaltlichen Aufgabengebietes der SA/SP bzw. der BSA als Äquivalent betrachtet. Auf eine mögliche methodische Profilierung der Arbeit von SA/SP in der BSA, wird in Kapitel 4 eingegangen. An dieser Stelle ist weiterhin auf den in Theorie und Praxis uneinheitlichen Gebrauch der Termini „Soziale Arbeit" und „Sozialarbeit" hinzuweisen. Definitionen bleiben oft vage und unbestimmt. Auch die Schreibweise „Soziale Arbeit" versus „soziale Arbeit" wird je nach Abhandlung unterschiedlich gehandhabt. Nach Meier wird die Ausübung der „sozialen Arbeit" auch denjenigen zuerkannt, die nicht in sozialwissenschaftlichen Fächern ausgebildet sind, wo hingegen die Ausübung der „Sozialarbeit" spezifische Kenntnisse in sozial-

---

[1] Deimbacher, Wolfgang: Betriebliche Sozialarbeit – in Österreich das Aschenputtel der Sozialarbeit. In: Sozialarbeit in Österreich. Heft. 2. Jahrgang 2001. S. 21.
[2] Bremmer, Michael: Die Zukunft der Betrieblichen Sozialarbeit. http://www.bbs-v.de/Skripte/html. 08.09.01. S. 6.

wissenschaftlichen Disziplinen voraussetzt.[3] In dieser Studie werden beide Begriffe inhaltlich gleichgesetzt.

## 1.2. Relevanz der Idee: Mobile Betriebliche Sozialarbeit

Zunächst wird die grundlegende Relevanz der BSA für die Arbeitswelt als Teilsystem des gesamtgesellschaftlichen Kontextes dargestellt. Im Anschluß daran folgt eine Spezifizierung bezüglich der Konzeptidee der „Mobilen Betrieblichen Sozialarbeit". Auf die mögliche inhaltliche Ausgestaltung und Umsetzung des Konzepts wird im zweiten Teil dieser Arbeit eingegangen.

Als immanente menschliche Aktivität kann das individuelle Bestreben um die Erhaltung der körperlichen, geistigen und seelischen Gesundheit bezeichnet werden. Freud antwortete auf die Frage, was Gesundheit beinhaltet: „Die Fähigkeit, Arbeiten und Lieben zu können."[4]

Diese Aussage impliziert eine Werthaltung, nach der die Erwerbsarbeit einen hohen Stellenwert geniest. Für Freuds Zeiten ist dies sicherlich unbestritten. Auch in der heutigen Zeit definiert sich unsere Gesellschaft „noch" vornehmlich über die Erwerbsarbeit, wenn auch Entwicklungen wie „Wertewandel" und „Individualisierung" den Stellenwert der Arbeit künftig verändern werden.[5] Dennoch kann davon ausgegangen werden, dass auch weiterhin die meisten Menschen einen Großteil ihrer Lebenszeit am Arbeitsplatz aufwenden werden. Störungen in der Arbeitszufriedenheit können sich deshalb gravierend auf die Gesundheit der Arbeitnehmer auswirken. Zugleich bietet die Arbeit aber nicht nur die Möglichkeit, Probleme und Kommunikationsstörungen, die sich dort ergeben, bearbeitbar zu machen, sondern auch persönliche Dispositionen zu behandeln. Eine differenziertere Beurteilung über den Stellenwert der Erwerbsarbeit im Leben der meisten Menschen wird folgend wiedergegeben:

> „Der Arbeitsbereich ist auch unter dem Aspekt der beruflichen Sozialisation als wesentlicher Lebensbereich zu werten. Durch die Integration des Menschen in die Arbeitswelt erfolgt die Aneignung berufsspezifischer Fertigkeiten und Kenntnisse. Die Einbindung in

---

[3] Vgl. Meier, Ralf: Betriebsinterne Anbindung der Betrieblichen Sozialarbeit. In: Jente, Charlotte; Judis, Frank; Meier, Ralf; Steinmetz, Susanne; Wagner, Stephan F. (Hrsg.): Betriebliche Sozialarbeit. Freiburg im Breisgau. 2000. S. 44.

[4] Freud, Siegmund: Neue Vorlesungen zur Einführung in die Psychoanalyse. Ges. Werke. XV. 1933. Zitiert nach: Vgl. Lippmann, Christa: Sozialarbeit und Sozialpolitik im Betrieb. Stuttgart. 1980. S. 9.

[5] Vgl. Hörning, Karl Heinz; Gerhard, Anette; Michailow, Matthias: Zeitpioniere. Flexible Arbeitszeiten – neuer Lebensstil. 3. Auflage. Frankfurt am Main. 1990. S. 97 - 102.

formelle und informelle Gruppen in Unternehmen macht es erforderlich, neue Rollen zu übernehmen und sich ein erweitertes Rollenverhalten anzueignen. Darüber hinaus kann die Befähigung zur Auseinandersetzung mit Verhaltensmustern, Einstellungen, Werten und Normen erweitert werden. Die Fähigkeit zur Interaktion innerhalb der betrieblichen Hierarchie wird erworben und somit oft auch die Handlungskompetenz bezüglich sozialen Handelns außerhalb der Arbeitsstätte erweitert. Im Gegensatz zur familialen und schulischen Sozialisation ist die berufliche nicht zu einem bestimmten Zeitpunkt abgeschlossen, sie erfordert – gerade auch im Großbetrieb- immer wieder die Umstellung auf neue Produktionsabläufe, Herstellungsmethoden, Arbeitsbedingungen, Qualifikationsanforderungen und Gruppenzusammenstellungen im Sinne einer Erweiterung der Flexibilität und Handlungskompetenz. Aus den Ansprüchen, die an den einzelnen Mitarbeiter bezüglich seiner Sozialisation im und in den Betrieb als ökonomisches, technisches und soziales Gefüge gestellt werden, können vielfältige Probleme entstehen. Die Unterstützung, Förderung und Stärkung des Mitarbeiters bei der Bewältigung dieser Anforderungen und der daraus erwachsenden Probleme sind wesentliche Aufgaben betrieblicher Sozialarbeit."[6]

Das nachfolgende Zitat zentriert die Legitimation der BSA wie folgt:

„Eine Belegschaft ist nicht allein mit Geld zufrieden gestellt. Ebensowichtig ist ihre persönliche Zufriedenheit, welche u.a. von privaten wie betrieblichen Problemen, Gesundheit, finanzieller Lage, Rente, sozialen Interaktionen, Lob und Tadel, Gruppenzugehörigkeit oder dem Arbeitsplatz mit seinen Folgeerscheinungen abhängt. Diese betriebsinternen wie -externen Einflüsse sind im Prinzip die >>Daseinsberechtigung<< der BSA."[7]

Eine weitere Sichtweise für die Notwendigkeit von BSA spricht auch schon einige relevante Themenbereiche, ausgehend von einer ganzheitlichen bzw. systemisch rezeptierten Perspektive der BSA, explizit an:

„Die gegenwärtigen technologischen Entwicklungen, die Internationalisierung der Märkte, die demographischen Veränderungen und der Wertewandel fordern von Organisationen neue Interaktions- und Reflexionsformen. Das Überleben von Unternehmen wird abhängig vom Erkennen systemischer Zusammenhänge, dem Aufbau von Netzwerken und dem Abbau von Hierarchien. Soziale Probleme und Fragestellungen müssen im Kontext des Gesamtgeschehens im Betrieb gesehen werden. Themen wie Altwerden in Betrieben, Konkurrenzverhalten, Alkoholismus, Fehlzeiten, mangelnde Kooperationsbereitschaft sind nicht länger als Einzelfallsymptome zu betrachten und zur ‚Behandlung' an den Sozialberater weiterzuleiten. Vielmehr gilt es, soziale Veränderungen unter Einbeziehung des betroffenen Systems im Betrieb anzustreben."[8]

---

[6] Falkenau, Marga: Sozialarbeit im Unternehmen. Ziele und Probleme betrieblicher Sozialberatung. In: Blätter der Wohlfahrtspflege. Heft 1. 136. Jahrgang. 1989. S. 21 f.
[7] Henke, Uwe: Betriebliche Sozialarbeit. Versuch eines Vergleiches von Anspruch und Wirklichkeit. In: Sozialmagazin. Heft 2. 17. Jahrgang. 1992. S. 29.
[8] Lau-Villinger, Doris: Die betriebliche Sozialberatung ist überholt! Die Machtlosigkeit der Sozialarbeiter und die Ratlosigkeit der Führungskräfte. In: Blätter der Wohlfahrtspflege. Heft 5. 143. Jahrgang. 1996. S. 127.

Wie sich das Aufgabengebiet der BSA unter Berücksichtigung der gesellschaftlichen Wandlungsprozesse verändert hat und weiter verändern muss, wird in Kapitel 2. veranschaulicht. Eine weitere Stellungnahme zur Notwendigkeit der BSA bzw. für die Notwendigkeit der Bearbeitung ihres Aufgabengebietes und den Umgang mit psychosozialen Problemlagen am Arbeitsplatz, soll nachstehend angeführt werden:

> „In den Unternehmen ist die Bereitschaft gestiegen, sich mit psychosozialen Konflikten auseinander zu setzen, d.h. den Mitarbeiter nicht mehr in einen ‚privaten' und einen ‚arbeitenden' Menschen aufzuspalten. Tritt bei einem Menschen diese Aufspaltung tatsächlich ein, so wird er unweigerlich krank, z.B. suchtkrank."[9]

Um die vorstehende Argumentation aufzugreifen, wäre dann mit der Aufhebung bzw. der Aufweichung einer strikten Trennung von Arbeit und Privatem eine höhere Identifikation der Mitarbeiter mit den Unternehmen zu erwarten. Dies könnte sich positiv auf die Zufriedenheit der Mitarbeiter sowie auf das Unternehmenswachstum auswirken. Mit der Aufhebung der Trennung des „privaten" und „arbeitenden" Menschen ist hier nicht etwa eine Vermischung von Privat- und Berufsleben gemeint, da das auch häufig pathologische Züge annehmen kann. Es soll aber verhindert werden, dass der Mitarbeiter während der Arbeitszeit quasi zu leben aufhört. Die Erwerbsarbeit sollte für den Einzelnen keine Qual bedeuten, sondern im günstigsten Falle auch die Möglichkeit zur persönlichen Weiterentwicklung bieten.

Die folgende Auflistung der signifikanten Verdichtung statistisch ermittelter Fehlzeiten von Alkoholkranken verdeutlicht einen wichtigen betriebswirtschaftlichen Anreiz für Unternehmen, eine BSA einzurichten. Die ermittelten Daten wurden 1975 vom „Standford Resarch Institute" in den USA erhoben. Laut dieser Erhebung fallen alkoholkranke Mitarbeiter gegenüber nicht alkoholkranken Mitarbeitern bezüglich ihrer Fehlzeiten am Arbeitsplatz mit folgenden Merkmalen auf:

> ➢ sie fehlen 16 mal häufiger
> ➢ sie fehlen 2,5 mal häufiger 8 Tage und länger
> ➢ sie sind 3,5 mal häufiger in Arbeitsunfälle verwickelt
> ➢ sie verlangen 5 mal häufiger Schadensersatz[10]

---

[9] Klinger, Inis-Janine: Kosten-Nutzen-Rechnung für die Betriebliche Sozialarbeit. In: Jente, Charlotte; Judis, Frank; Meier, Ralf; Steinmetz, Susanne; Wagner, Stephan F. (Hrsg.): Betriebliche Sozialarbeit. Freiburg im Breisgau. 2001a. S. 189 f.

[10] Vgl. Klinger. 2001. S. 189 f.

Ohne hier explizit auf die Höhe der Kosten, die durch die krankheitsbedingten oder motivationsbedingten Fehlzeiten entstehen können, einzugehen, wird deutlich, dass solche meist länger verlaufenden Krankheiten einen enormen finanziellen Aufwand für die Unternehmen bedeuten – zum Beispiel bezüglich der Lohnfortzahlung. Bei dieser exemplarischen Darstellung ist zu beachten, dass hier nur die möglichen finanziellen Auswirkungen für „einen" Problembereich betrachtet wurden. Die weiterführende Beschreibung der Tätigkeitsfelder wird eine Fülle von weiteren finanzrelevanten Aspekten aufzeigen können.

Die finanziellen Auswirkungen von Fehlzeiten betreffen darüber hinaus nicht nur die Unternehmen an sich. Nach dem in Deutschland gültigen System der sozialen Sicherung werden vor allem bei langwierigen und chronischen Erkrankungen die Krankenkassen und die Bundes- bzw. Landesversicherungsanstalten finanziell in Mitleidenschaft gezogen. Da sich die Ausgaben der Sozialversicherungen durch ihre Einnahmen refinanzieren müssen, kann ein beträchtlicher volkswirtschaftlicher Schaden unterstellt werden.[11] Zudem ist davon auszugehen, dass durch Präventivmaßnahmen, vor allem für Suchtkrankheiten, einem Arbeitsplatzverlust entgegengewirkt und die Sozialversicherung weiter entlastet werden kann.

Als freiwillige soziale Leistung wird die BSA vor allem von Großbetrieben der Industrie und der Öffentlichen Verwaltung genutzt. Denn Großbetriebe haben ganz andere finanzielle Möglichkeiten als kleine und mittlere Betriebe, einen eigenen Betriebssozialdienst bzw. eine Betriebliche Sozialberatung zu unterhalten. Aber selbst unter Großbetrieben war die Bereitschaft bisher nicht sehr groß, eine BSA zu installieren, da sich aus einer solchen Investition nicht direkt eine Kosten-Nutzen-Rechnung aufstellen lässt, in der die Ausgaben zu den Gewinnen in ihrer Relation gegenübergestellt werden können – wie etwa bei den Gewinnen aus der Güterproduktion.

Zu diesem Problem kommt vor allem bei kleinen Betrieben die zusätzliche Belastung mit Lohn- und Lohnnebenkosten von mindestens einem Mitarbeiter hinzu. Kumuliert dürfte die Schwierigkeit der Finanzierung der BSA bei kleinen und mittleren Unternehmen in wirtschaftlich strukturschwachen Regionen auftreten. Die finanziellen Aufwendungen, die die Installation einer BSA mit sich bringt, sind also ein plausibler Grund dafür, dass die BSA in kleinen und mittelständischen Betrieben praktisch nicht vorhanden ist. Trotzdem ist mit Sicherheit davon auszugehen, dass die vorstehend

---

[11] Vgl. Klinger. 2001. S. 192.

kurz skizzierten Problemlagen in kleinen und mittleren Betrieben in derselben Qualität – wenn auch nicht in derselben Quantität – vorhanden sind.

Hier könnte das Angebot der MBSA, das heißt die Einrichtung einer Beratungskonzeption die extern nach Bedarf anzufordern ist, eine Lücke schließen. Ohne zunächst auf die inhaltliche Ausgestaltung dieser Konzeptidee näher einzugehen, sind für die Unternehmen zunächst folgende Vorteile feststellbar:

➢ Dem Auftraggeber der Dienstleistung entstehen keine weiteren Lohn- und Lohnnebenkosten.

➢ Eine externe Beratung hat die Möglichkeit, andere Perspektiven einzunehmen und aufzuzeigen, als betriebsintern Involvierte.

➢ Der Beratungsauftrag kann zu Anfang präzise formuliert und später das Verhältnis der Effektivität zu der Effizienz des Ergebnisses überprüft werden.


Die folgenden Beispiele werden zeigen, dass die Idee eines externen, betrieblichen Beratungskonzeptes, das als soziale Dienstleistung Unternehmen anzubieten ist, nicht gänzlich neu oder utopisch ist:

> „Viele ArbeitnehmerInnen sind in Betrieben, bei Vereinen oder bei Organisationen beschäftigt, die zu klein sind um eine/n SozialarbeiterIn zu beschäftigen. Deshalb wird die BSB in einigen europäischen Ländern auch von freiberuflich tätigen SozialarbeiterInnen angeboten, die z.B. MitarbeiterInnen mehrerer Arbeitgeber betreuen."[12]

Als letztes Zitat wird eine Argumentation angeführt, die die Einrichtung eines solchen Modells befürwortet:

> „In der heutigen Zeit erhalten Alltagsschwierigkeiten sehr schnell Dimensionen, in denen bisherige Hilfsmöglichkeiten des Familien- und Verwandtschaftsverbundes, des Betriebsrates in der Wahrnehmung seiner Mitwirkungsbestimmung in sozialen Angelegenheiten und des Arbeitgebers in Ausübung seiner Fürsorgepflicht nicht mehr ausreichen. Besonders kleine und mittelständische Betriebe in Großstädten werden künftig auf freie Dienstleistungsangebote angewiesen sein."[13]

---

[12] Deimbacher. 2001. S. 20.

[13] Werber, Herta: Sozialarbeit als freiberufliche Dienstleistung. Beispiel: Betriebssozialdienst für kleine und mittelständische Unternehmen. In: Blätter der Wohlfahrtspflege. Heft 1. 136. Jahrgang. 1989. S. 19.

## 1.3. Aufbau und Struktur der Arbeit

Nachdem der Einstieg in die Thematik erarbeitet wurde, soll im nächsten Kapitel näher auf den Gegenstand, die Herkunft und die Entwicklung der BSA in Abhängigkeit zu den gesellschaftlichen Umgestaltungen eingegangen werden.

Ein weiterer wichtiger Unterpunkt in diesem Kapitel wird die exemplarische Darstellung und Beschreibung einiger ausgewählter Tätigkeitsfelder der BSA sein. Weiterhin wird auf Grundlage der in Unternehmen institutionalisierten BSA der Nutzen für die unterschiedlichen Akteure in diesem Bereich aufgezeigt werden, um anschließend auf die konkrete Vorstellung der Projektidee überzuleiten. Es wird versucht, ausgehend von einer Vorstellung der Angebotspalette und den damit verbundenen Akteuren, die zu beachtenden Strukturebenen sowie die Realisierungschancen dieses Konzepts differenziert zu entwerfen. Das 4. Kapitel befasst sich mit den als immanent wichtig angesehenen Anforderungsprofilen sowie mit der handlungsleitenden Methodik, mit der SA/SP sich im Arbeitsfeld der BSA auseinanderzusetzen haben.

Zusammenfassend soll die Studie folglich zunächst einige Vorstellungen bzw. Thesen über den komplexen Bereich dieses Arbeitsfeldes entwickeln. Im weiteren Verlauf der Untersuchung ist dann ein tiefergehendes Verständnis einzelner wichtiger Aspekte bezüglich der Möglichkeiten und Grenzen der BSA zu eruieren. Im Sinne einer Synthese sollte dann eine mögliche Perspektive bzw. die notwendigen Anforderungen aus sozialarbeiterischer/sozialpädagogischer Sicht zur Implementierung der MBSA entwickelt werden.

## 2. Bedeutung und Aufgabengebiet der Betrieblichen Sozialarbeit

Ausgehend von einer ersten grundlegenden Definition der BSA erscheint es sinnvoll, das komplexe Aufgabengebiet der BSA unter Berücksichtigung des historischen und gesellschaftlichen Wandels zu beschreiben. Es wird hier untersucht, inwieweit die im Laufe ihrer Entwicklung wechselnden Anforderungen an die BSA mit wirtschaftlichen, politischen, und gesellschaftlichen Verhältnissen in Zusammenhang stehen.

### 2.1. Definition der Betrieblichen Sozialarbeit

Die nachstehende Definition legt den Gegenstandsbereich der BSA wie folgt aus:

„(...) Sie wird durch Beschäftigte des Betriebes oder als vom Betrieb eingekaufte Serviceleistung angeboten. In der b. S. sind in Betrieben der Industrie, der Verwaltung und des Handels verschiedene Berufsgruppen, insbesondere aber > Sozialarbeiter/-innen/Sozialpädagogen/-innen tätig. Sie üben ihre Funktion im Rahmen des Personal-/Sozialwesens aus. Sozialarbeit ist eine freiwillige Maßnahme des Betriebes, die den Erfordernissen entsprechend flexibel gestaltet werden kann. Die Inanspruchnahme liegt im Ermessen der Mitarbeiter, sie kann nicht angeordnet werden. Grundlagen der Arbeit sind Vertrauen und Verschwiegenheit sowie intensive inner- und außerbetriebliche Kontakte im Interesse wirksamer Hilfen. Der Sozialarbeiter arbeitet selbstständig in einer Stabsstelle und hat beratende Funktion. Mit den aktuellen > Methoden, die in Praxis und Theorie zur Verfügung stehen, wird Hilfe zur > Selbsthilfe angestrebt. Neben der fachlichen Qualifikation braucht der Sozialarbeiter im Betrieb die Fähigkeit, die Zusammenhänge betrieblicher und persönlicher Probleme zu erkennen und wirtschaftlich vertretbare Lösungen aufzuzeigen. Aufgeschlossenheit auch für die wirtschaftlichen und technischen Probleme des Betriebes ist daher wesentliche Voraussetzung für erfolgreiche Arbeit. Bei der Bewältigung ihrer Aufgaben steht die b. S. im Spannungsfeld zwischen den Bedürfnissen und Interessen der Mitarbeiter und deren Interessenvertretungen einerseits und des Betriebes andererseits. Zu ihren Aufgaben kann u.a. die Beratung oder Fortbildung von Führungskräften und Mitarbeitern des Betriebes, z.B. bei Alkoholproblemen; die Schulung von Multiplikatoren (im Rahmen von Präventivprogrammen); die Mitarbeit bei sozialpolitischen Maßnahmen des Betriebes sowie die betriebsübergreifende Vernetzung von sozialen Hilfsangeboten gehören. Die Kontakte zu den sozialen Einrichtungen der Behörden, Verbände, Vereine müssen intensiv sein, um zweckentsprechend vermitteln zu können. Der schnelle Wandel in der technischen, wirtschaftlichen und gesellschaftlichen Entwicklung bringt für die Menschen auch am Arbeitsplatz Verunsicherungen mit sich, so daß das Angebot an persönlicher Hilfe innerhalb der Betriebe an Bedeutung gewinnt."[14]

Aus der vorstehend aufgeführten Definition zur BSA sollen an anderer Stelle einige inhaltliche und strukturelle Aspekte isoliert betrachtet werden, die eine differenzierte-

---

[14] Retaiski, Herbert: Betriebliche Sozialarbeit. Deutscher Verein für Öffentliche und Private Fürsorge (Hrsg.): In: Fachlexikon der sozialen Arbeit. 4. Auflage. Frankfurt am Main. 1997. S. 146.

re Sichtweise zu den Chancen und Schwierigkeiten bei der Umsetzung der BSA zu-
lassen. Ein erstes tiefergehendes Verständnis soll mit der folgenden Darstellung des
Entwicklungsverlaufs der BSA erreicht werden.

## 2.2. Entwicklung der Betrieblichen Sozialarbeit

Erste Ansätze, Mitarbeiter speziell für „soziale Belange" der Belegschaft von Unternehmen einzustellen, wurden bereits 1889 in den USA vom „Bund für soziale Hilfe"
entwickelt. Die Bezeichnungen für diese neue Profession reichten von „Sozialinge-
nieur", über „Sozialsekretär" bis hin zur Berufsbezeichnung des „Wohlfahrtspfle-
gers".[15]
In Deutschland wurde die Berufsbezeichnung „Fabrikpflegerinnen" von dem Gründer
des Evangelischen Diakonievereins Pastor Friedrich Zimmer (1855-1919) eingeführt,
der auch als Hauptinitiator für die Schaffung dieses Berufsstandes in Deutschland angesehen wird.[16] Die erste „Fabrikpflegerin" in Deutschland soll Pastor Zimmer im
Jahr 1900 in eine Gummersbacher Textilfabrik vermittelt haben.[17] Die Bezeichnung
„Fabrikpflegerin" wurde von Pastor Zimmer eingeführt, da die erste Betriebssozi-
alarbeiterin im Ursprungsberuf Krankenschwester war und so der Begriff „Fabrikpflegerin" in Analogie zur Krankenpflege entstanden ist. Im selben Jahr wurde von
Erich Ratenau, dem Begründer der AEG, im Kabelwerk an der Oberspree eine „Fabrikpflegerin" eingestellt. In den nächsten zehn Jahren folgten Firmen wie „Conti-
nental", „Bayer-Leverkusen" und „Krupp" in Essen mit Einstellungen von „Fabrikpflegerinnen". Seit 1911 beschäftigte schließlich auch die Firma „Siemens" eine „Fabrikpflegerin".[18]
Mit Beginn des ersten Weltkrieges war die Hauptzielgruppe der damaligen BSA die
Frauen, die „durch das Gesetz über den Vaterländischen Hilfsdienst vom
05.12.1916"[19] zur Arbeit in der Kriegsindustrie verpflichtet wurden. Bis dahin wurde
die „Fabrikpflege" ausschließlich von Frauen geleistet, die vom Kriegsamt ver-

---

[15] Vgl. Deimbacher. 2001. S. 18.

[16] Vgl. Klinger, Inis-Janine: Historischer Abriss und Rechtsgrundlagen der betrieblichen Sozialarbeit. In: Jente, Charlotte; Judis, Frank; Meier, Ralf; Steinmetz, Susanne; Wagner, Stephan F.
(Hrsg.): Betriebliche Sozialarbeit. Freiburg im Breisgau. 2001b. S. 15.

[17] Vgl. Blandow, Jürgen: Betriebliche Sozialarbeit – Von der Fabrikpflege auf dem Weg wohin? In:
Theorie und Praxis der Sozialen Arbeit. Heft 8. 44. Jahrgang. 1993. S. 314.

[18] Vgl. Reinicke, Peter: Die Sozialarbeit im Betrieb. Von der Fabrikpflege zur Betrieblichen Sozialberatung. In: Soziale Arbeit. Heft 6/7. 37. Jahrgang. 1988. S. 202.

[19] Klinger. 2001. S. 16.

pflichtet wurden, und bei der Vereinbarkeit der „familiären Pflichten" mit der Arbeit in der Fabrik Hilfestellung geben sollten. Wird vor Beginn des Krieges von einer Zahl von ca. „200 Fabrikpflegerinnen" gesprochen, so soll die Anzahl während des Krieges auf ca. „700 Fabrikpflegerinnen" angewachsen sein.[20]

Das Aufgabengebiet der „Fabrikpflegerinnen" umfasste vor allem die „Wohlfahrtspflege für die Arbeiterinnen und ihre Familien"[21]. Es ging insbesondere darum, die „Unterbringung der Kinder während der Abwesenheit der Mutter"[22] zu bewerkstelligen, auf die Wohnverhältnisse der Arbeiterinnen zu achten, das heißt einer möglichen Verwahrlosung der Frauen unter anderem durch Hygieneschulungen entgegenzuwirken, bis hin zur Durchführung von Krankenbesuchen. Weiterhin sollte „Beratung in persönlichen Angelegenheiten durch regelmäßige Sprechstunden"[23] Schwangere unterstützen und Hilfe bei Vormundschafts- und Versicherungsproblemen leisten. Eine weitere Aufgabe der „Fabrikpflegerinnen" war, „gesellige Abende" und gemeinsame Ausflüge zu organisieren. Es wurde auch schon zur damaligen Zeit versucht, die Stellung der „Fabrikpflegerin" im Betrieb durch Bekanntgabe ihres Aufgabenbereiches zu verdeutlichen und zu festigen. Trotzdem die „Fabrikpflegerin" der Betriebsleitung unterstellt war, wurde ihr dennoch eine gewisse Neutralität zugebilligt. Wichtig ist außerdem, dass schon zu Beginn der „Fabrikpflege" die „Zusammenarbeit mit den Betriebsräten oder, wie sie sich anfangs nannten, den „Arbeiterausschüssen"[24] angestrebt wurde. Ausgehend von der „bürgerlichen Frauenbewegung" und in Zusammenarbeit mit den „Kriegsamtsstellen" wurden die Aufgabenbereiche und die Position der „Fabrikpflegerinnen" in Richtlinien festgehalten.[25] Auszüge aus diesen Richtlinien wurden dann später, publiziert durch den „Bund Deutscher Frauenvereine", dem Alice Salomon und Gertrud Bäumer vorstanden, in die ersten Ausbildungsverordnungen der „sozialen Frauenschulen" – die Vorgänger der heutigen Fachhochschulen für Sozialwesen – aufgenommen.[26]

Nach dem ersten Weltkrieg stand so das Wohlergehen der Arbeiterfamilien im Mittelpunkt der „betrieblichen Familienfürsorge", wie die BSA seinerzeit bezeichnet wurde. Das handlungsleitende Fürsorgeprinzip orientierte sich am mütterlichen, sich

---

[20] Vgl. Klinger. 2001. S. 16.
[21] Reinicke. 1988. S. 202.
[22] Reinicke. 1988. S. 202.
[23] Reinicke. 1988. S. 202.
[24] Reinicke. 1988. S. 202.
[25] Vgl. Reinicke. 1988. S. 202 ff.
[26] Vgl. Blandow. 1993. S. 314.

sorgenden Frauenbild der damaligen Zeit. Dementsprechend hatte die „betriebliche Familienfürsorge die Frauen zur Übernahme ihrer >>hausmütterlich-pflegenden Pflichten<< anzuhalten."[27] Weiterhin sollten die Frauen ihre Männer vom Alkohol fernhalten, um so die sittlich-moralische Stabilität der Familie zu gewährleisten.[28] Was die Bestrebungen, eine Vereinheitlichung der Berufsbezeichnung zu erreichen anbetrifft, spricht Alice Salomon in einer ihrer Veröffentlichungen von der sozialen Berufsgruppe der „Sozialsekretärin", die in Fabrikbetrieben tätig ist.[29]

Nach Ende des ersten Weltkrieges war zunächst ein Rückgang der Zahl der „Fabrik-pflegerinnen" in Deutschland auf „110" zu verzeichnen, sie nahm aber ab Mitte der zwanziger Jahre wieder zu.

Mit der Vorbereitung auf den zweiten Weltkrieg wurden Anfang der dreißiger Jahre die „sozialpartnerschaftlichen" Ansätze zu Gunsten des „Führerprinzips" zunichte gemacht. Die BSA wurde als „Hilfs- und Kontrollinstrument" missbraucht.[30] Es wird in diesem Zusammenhang von einer „Instrumentalisierung" der BSA gesprochen, die sich in der „Ausschaltung der freien Gewerkschaften und der gewählten Betriebsräte und ihrer Ersetzung durch die deutsche Arbeiterfront"[31], äußerte. Das Programm der „DAF" wurde dann unter der Überschrift „>>Kraft durch Freude<<" propagiert. Es wurden Veranstaltungen zur Freizeitgestaltung, „Volksbildung" oder zur „Betriebs-hygiene" durchgeführt. Lau-Villinger führt die Bezeichnung „Volkspflege" für die Tätigkeit der BSA während des Nationalsozialismus an.[32] Die Aktivitäten der DAF galten insbesondere den Frauen, da diese als potentielle Produzentinnen von Nach-wuchs hohe Aufmerksamkeit genossen, sowie der Umsetzung des „Führerprinzips" in den Betrieben.[33]

In der Nachkriegszeit bestand für die BSA die schwierige Aufgabe, wieder ein Ver-trauensverhältnis zu den Mitarbeitern der Betriebe aufzubauen. Denn nach den Erfah-rungen der Kriegsjahre erfüllte die BSA in den Köpfen der Mitarbeiter vorrangig die Aufgabe einer Kontrollinstanz. Kurz nach dem Krieg galten die Bemühungen der

---

[27] Blandow. 1993. S. 315.
[28] Vgl. Blandow. 1993. S. 315.
[29] Vgl. Reinicke. 1988. S. 206.
[30] Vgl. Klinger. 2001. S. 17 f.
[31] Blandow. 1993. S. 315.
[32] Vgl. Lau-Villinger. 1996. S. 126.
[33] Vgl. Blandow. 1993. S. 316.

BSA vor allem der „Erholungs- und Wohnraumfürsorge". Sie waren noch überwiegend vom fürsorgerischen Ansatz geprägt.[34]

In der Zeit nach dem zweiten Weltkrieg war die Wirtschaft, entsprechend dem einsetzenden Wirtschaftswachstum (Wirtschaftswunderzeit), auf „Expansion" das heißt auf „Gewinnoptimierung" ausgerichtet. Den Mitarbeitern eine Sozialberatung als freiwillige Sozialleistung zukommen zu lassen war für die Betriebe nur Mittel zum Zweck. Die Beratung sollte sich lediglich um „auffällig gewordene" Mitarbeiter kümmern. Das heißt, es wurde vorrangig versucht, diese Mitarbeiter wieder in einen möglichst reibungslosen Produktionsfluss einzugliedern.[35] An anderer Stelle heißt es, dass in den fünfziger Jahren von Seiten der BSA wenig unternommen wurde, um ihre Stellung in den Betrieben zu sichern. So gab es in dieser Zeit Bestrebungen der Gewerkschaften, die BSA als „Sozialklimbim" abzuschaffen, was aber aufgrund des Widerstandes der Arbeitgeber verhindert wurde. In den siebziger Jahren wurde dann die Notwendigkeit der BSA von Arbeitgeberseite in Frage gestellt, was wiederum die Gewerkschaften zum Widerstand veranlasste.[36]

Eine wichtige Trendwende im Selbstverständnis der BSA in Deutschland wird anhand folgender Aussage deutlich:

> „Betriebliche Sozialarbeit musste ihre Ziele und Inhalte neu definieren. Als 1957 der Sozialausschuss der Wirtschaftsvereinigung Eisen- und Stahlindustrie die Werksfürsorge in „Sozialberatung" umbenannte, wurde ein Schritt getan, Betriebliche Sozialarbeit vom Odium der Vergangenheit und der reinen Wohltätigkeit zu befreien und den Schwerpunkt von der ausschließlichen Fürsorge zur Beratung zu verlagern."[37]

Die Verwendung des Begriffs „Beratung" lässt den Wandel vom bis dahin handlungsleitenden „sozialintegrativen" Methodenverständnis der Sozialarbeit bzw. Sozialpädagogik hin zum „emanzipatorischen" Hilfeansatz deutlich werden.

Dem Adressaten von Sozialarbeit wurde so Selbstbestimmung zugebilligt und sein Verhalten wurde auch nicht mehr pauschal nach der Formel: „Normal versus Abweichung" beurteilt. Dieser Wandel bezüglich des Helferverständnisses, unterstützt von der Emanzipations- und Studentenbewegung der sechziger Jahre, drückte sich konkret in der postulierten „Hilfe zur Selbsthilfe" aus. Hieraus entwickelten sich, besonders aus dem amerikanischen Raum kommend, „berufseigene Arbeitsformen", das

---

[34] Vgl. Henke. 1992. S. 29.
[35] Vgl. Lau-Villinger. 1996. S. 126.
[36] Vgl. Bremmer. 08.09.01. S. 1.
[37] Klinger. 2001. S. 18.

heißt sozialarbeiterische/sozialpädagogische Methoden, auf die an anderer Stelle noch näher eingegangen wird.[38] Zum gegenwärtigen Helferverständnis wird folgende Aussage angeführt:

> „Der selbstbewusste Mitarbeiter eines Betriebes sucht nicht mehr nach „Fürsorge", sondern nach Beratung in für ihn schwierigen Lebenslagen. So entstand die Bezeichnung „Sozialberatung im Betrieb".[39]

Folgend werden einige Tendenzen für die zukünftige Entwicklung der BSA referiert: Seit den siebziger Jahren ist eine Zunahme von Sozialberatungen in klein- und mittelständischen Betrieben zu verzeichnen. Weiterhin steigt die Zahl an „Supervisoren", und „Coachs", die sich als „externe Berater" selbstständig machen.[40] Die folgende Einschätzung bezieht sich auf die betriebsintern institutionalisierten Sozialberatungen bzw. auf die Einrichtung von BSA in den Betrieben.

Derzeit hat sich bundesweit in ca. „400 Firmen" eine betriebliche Sozialberatung etabliert. Davon sind „2/3" der Sozialberatungen im öffentlichen wie im privaten Dienstleistungssektor, sowie bei staatlichen und kommunalen Behörden tätig. Der kleinste Anteil, etwa „1/3", ist der Industriebranche zuzurechnen, heißt es weiter. Die „Angebotspalette" erweiterte sich von der „traditionellen Alkoholberatung" bis zur „Gesundheitsförderung" und „Meditation".[41] Auffällig ist, dass die Handwerksbranche hier gar nicht als Kunde dieser Dienstleistung aufgeführt ist.

Von anderer Stelle wird Kritik laut, dass es die BSA bzw. die Sozialarbeit in ihrer jüngeren Entwicklung versäumt hat, sich in neue Tätigkeitsfelder – wie zum Beispiel die Organisations- und Personalentwicklung – mit ihrer vorhandenen Kompetenz einzubringen.[42] Zusammenfassend liegt folgende Argumentation zu Grunde:

> „Im Betrieb freilich wurde die neue Chance, sich in die relevanten Bereiche der Unternehmenspolitik einzumischen, von der Sozialarbeit verschlafen. Das >>Soziale<< im Betrieb ist Sache von Berufsgruppen geworden, die meist weder einen Kontakt zur Praxisentwicklung in der Sozialen Arbeit, noch zu ihrer Theorieentwicklung haben.[43]

---

[38] Vgl. Klinger. 2001. S. 18.

[39] Vgl. Jente, Charlotte: Alte Aufgabenfelder und neue Entwicklungen. In: Jente, Charlotte; Judis, Frank; Meier, Ralf; Steinmetz, Susanne; Wagner, Stephan F. (Hrsg.): Betriebliche Sozialarbeit. Freiburg im Breisgau. 2001. S. 21 f.

[40] Vgl. Bremmer. 08.09.01. S. 1.

[41] Vgl. Bremmer. 08.09.01. S. 1 ff.

[42] Vgl. Blandow. 1993. S. 317.

[43] Blandow. 1993. S. 317 f.

Zur Einschätzung über die zukünftige Entwicklung der BSA wird folgendes Zitat wiedergegeben:

„Durch schwerpunktbezogene Weiterbildung sind Sozialberater in den Betrieben auch als Organisationsberater in der Führungskräftebetreuung und Beratung sowie im Coaching tätig (...). Weitere Aufgaben werden sich durch die Umstrukturierung von Arbeit ergeben. Es zeichnet sich heute schon ab, dass die Betriebliche Sozialarbeit nicht unbedingt im Betrieb angesiedelt sein muss, sondern auch als selbstständiges Unternehmen Beratungseinheiten bedarfsbezogen für Betriebe bereithält, anbietet und durchführt.
„Sozialberatung im Betrieb" versteht sich heute als Beitrag zur Gestaltung von humaner Arbeitswelt. Aus der dienenden Funktion des Fürsorgenden ist eine leistungs- und lösungsorientiert arbeitende Serviceinstitution geworden, die ihren festen Platz im betrieblichen Geschehen einnimmt und in Zukunft erweitern wird."[44]

Mit den vorstehenden Ausführungen konnte gezeigt werden, dass sich Inhalte, wie das grundsätzliche Verständnis von BSA, die Aufgaben, die mögliche Konflikte hieraus, die geforderten Kompetenzen des SA/SP im gesellschaftlichen Wandlungsprozeß und der institutionelle Rahmen für diesen Arbeitsbereich im zeitlichen Wandel unterschiedlich darstellen.

Vor allem aber dürfte deutlich geworden sein, dass sich die gegenwärtige BSA wiederum in einem Wandel befindet. Dieser Wandel bezieht sich dabei vorwiegend auf die Erschließung neuer Aufgabenfelder, die dem Bereich des „Sozialmanagements" zuzuordnen sind, sowie ihre mögliche Kombination mit der Erschließung neuer institutioneller Rahmenbedingungen bezüglich der BSA. Im folgenden wird es nun vorrangig darum gehen, dies bereits etablierten aber auch neue Tätigkeitsfelder der BSA darzustellen. Deren Übertragbarkeit auf die Idee der MBSA unter Berücksichtigung des besonderen Ressourcen- und Konfliktpotentials wird in der konkreten Ausgestaltung der Projektidee berücksichtigt werden.

## 2.3. Aktuelle Tätigkeitsfelder der Betrieblichen Sozialarbeit

Nach Steinmetz kann der Betrieb mit seinen „Problemlagen als Spiegelbild der Gesellschaft im kleinen"[45] betrachtet werden, da die Sozialberatung im Betrieb frühzeitig mit Fragen und Problemstellungen der Mitarbeiter aus deren „unmittelbaren Lebensumfeld" konfrontiert wird. Damit kann die Sozialberatung als „Seismograph"

---

[44] Jente. 2001. S. 22.

[45] Steinmetz, Susanne: Perspektiven und neue Aufgabenfelder Betrieblicher Sozialarbeit. In: Jente, Charlotte; Judis, Frank; Meier, Ralf; Steinmetz, Susanne; Wagner, Stephan F. (Hrsg.): Betriebliche Sozialarbeit. Freiburg im Breisgau. 2001a. S. 207.

bezüglich der sozialen und gesellschaftlichen Entwicklung bezeichnet werden. Letztlich kann die Sozialberatung mit entsprechenden Unterstützungsmöglichkeiten unmittelbar und flexibel auf die Bedürfnisse ihrer Zielgruppe reagieren.[46]

Nachstehend soll eine Auswahl der in 2.2. erwähnten etablierten und neueren Aufgabenfelder inhaltlich skizziert werden. Weiterhin soll darauf hingewiesen werden, dass vor- und nachstehend über die Betriebe bzw. Unternehmen hinaus natürlich auch Organisationen, Behörden, Verbände und Verwaltungen als potentieller Auftraggeber von BSA verstanden werden.

### 2.3.1. Schuldnerberatung

Die Relevanz von Schuldnerberatungen hat – unabhängig vom betrieblichen Kontext – seit den sechziger Jahren zugenommen. Als ursächlich für die Zunahme der „Ver- bzw. Überschuldung" werden die zunehmenden Angebote der „Kreditwirtschaft" genannt. Diese machen es dem Konsumenten immer leichter, sich mit der Inanspruchnahme von Kreditkarten, Kaufhauskrediten oder Leasing- und Ratenzahlungen zu ver- bzw. zu überschulden. Wenn dann aus dem laufenden Einkommen die Rückzahlungsverpflichtungen nicht mehr bestritten werden können, kommt es zur „Überschuldung".[47] An dieser Stelle sind auch die in letzter Zeit rapid angestiegenen Schuldverhältnisse aus Handy-Verträgen zu nennen.

Im Rahmen einer Diplomarbeit zum Thema „Schuldnerhilfe" wird auf die Unterscheidung zweier Begrifflichkeiten hingewiesen. Demnach ist von „Verschuldung" bereits zu sprechen, sobald zum Beispiel ein Kredit in unbestimmter Höhe aufgenommen wurde. Dieser Sachverhalt sagt dann noch nichts über die damit verbundenen subjektiven und objektiven Belastungen des Kreditnehmers bezüglich der Rückzahlung aus. Bei einer „Überschuldung" dagegen ist davon auszugehen, dass eine Tilgung der Schuld für den Schuldner in absehbarer Zeit nicht in Frage kommt bzw. von erheblichen Belastungen im Zuge der Tilgung für den Betreffenden ausgegangen werden kann.[48]

---

[46] Vgl. Steinmetz. 2001a. S. 207.

[47] Vgl. Kottmeyer, Astrid: Schuldnerberatung. In: Jente, Charlotte; Judis, Frank; Meier, Ralf; Steinmetz, Susanne; Wagner, Stephan F. (Hrsg.): Betriebliche Sozialarbeit. Freiburg im Breisgau. 2001. S. 135.

[48] Vgl. Bonnemann, Detlef; Rickal, Thomas: Diplomarbeit zum Thema: Schuldnerhilfe als Aufgabe sozialer Arbeit. 1997. http://www.uni-essen.de/tts/lehrangebot/verschuldung. 22.09.01. S. 2.

Um auf die oben beschriebenen möglichen Ursachen zurückzukommen, können diese aber auch in der Person des Schuldners selbst liegen. So kann es sein, dass der Betreffende aufgrund mangelnder Schulbildung Schwierigkeiten hat, mit Geld umzugehen, oder ein übersteigertes Konsumverhalten an den Tag legt – bis hin zur möglichen Kaufsucht. Die Gründe für rückläufige Zahlungsverpflichtungen sind ebenso vielfältig und können zum Beispiel mit Krankheit, der Geburt eines Kindes oder einer Scheidung zusammenhängen.[49]

Physische Auswirkungen einer Überschuldung äußern sich häufig in psychosomatischen Symptomen wie Schlaflosigkeit, Magendarmstörungen, „Reizbarkeit", „Depressionen" und „Konzentrationsstörungen". Diese Symptome können unter anderem zu erhöhten Fehlzeiten und zur Zunahme von Arbeitsunfällen führen, da die mit einer „Überschuldung" verbundenen Druck- und Angstsituationen das Erleben des Betreffenden bestimmen. In Anbetracht dieser möglichen Folgen für Mitarbeiter und für die Unternehmen ist eine betriebliche Schuldnerberatung sinnvoll. Die Aufgaben und Möglichkeiten, die die BSA in diesem Kontext hat, sind vielseitig. So können von den Unternehmen zum Beispiel betriebsinterne, zinsfreie und günstige Kredite oder „Gehaltsvorschüsse" vergeben werden, die vom SA/SP vermittelt werden können. An diesem Punkt wird die Vernetzung bzw. die Kooperation der BSA mit anderen innerbetrieblichen Stellen, wie dem Betriebsrat und der Personalabteilung, als besonders wichtig beschrieben.[50]

Der Beratungsbedarf ist häufig sehr unterschiedlich und kann unter Umständen über eine längere Zeit nötig sein. Häufig stellt sich das Problem, dass die Ratsuchenden erst sehr spät das Beratungsangebot in Anspruch nehmen, da die Offenlegung von finanziellen Verhältnissen bei vielen mit Scham besetzt ist. Dadurch sind die Schuldverpflichtungen oft komplex, so dass mehrere Gläubiger Ansprüche erheben. Um in diesen Fällen systematisch die konkrete Problemsituation des Betreffenden zu analysieren, ist es sinnvoll, mit dem Ratsuchenden zusammen einen Plan zur Durchführung einer „Schuldenregulierung" zu vereinbaren. Hierzu ist es wichtig sämtliche Verbindlichkeiten zu erfassen und den Einnahmen gegenüberzustellen.

Weiter kann es zu den Aufgaben des SA/SP gehören, mit den Gläubigern bzw. mit den Inkassounternehmen in Kontakt zu treten und diesen Kontakt aufrecht zu erhal-

---

[49] Vgl. Kottmeyer. 2001 S. 136.

[50] Vgl. Böckmann, Detlef; Krüger, Jürgen: Schulnerberatung am Arbeitsplatz. Die betriebliche Sozialberatung vor neuen Aufgaben. In: Blätter der Wohlfahrtspflege. Heft 5. 143. Jahrgang. 1996. S. 142 f.

ten, um vor allem eine drohende Lohnpfändung, den Wohnungsverlust, oder die Abschaltung von Strom zu verhindern. In diesem Zusammenhang betont Kottmeyer, dass es wichtig ist, dass die BSA auch außerbetrieblich mit „Verbraucherzentralen", „Wohlfahrtsverbänden", „Kommunen", „Rechtsanwälten" und „Selbsthilfegruppen" zusammenarbeitet.

Es ist verständlich, dass für diesen Tätigkeitsbereich eine spezifische Qualifikation bzw. Fortbildung gefordert wird, um den psychosozialen, finanziellen bzw. wirtschaftlichen und juristischen Anforderungen dieses Problembereichs gewachsen zu sein. Bezüglich des am 01.01.1999 neu in Kraft getretenen „Insolventsrechts" ist vor allem der zuletzt genannte Aspekt von Wichtigkeit. Nach diesem Gesetz kann dem Schuldner unter bestimmten Bedingungen und nach Einhaltung einer bestimmten Frist, eine bestehende Restschuld erlassen werden.[51] Als vorwiegende Adressaten dieses Beratungsangebotes werden an anderer Stelle Rentner bzw. Pensionäre von Unternehmen genannt, da „Rentenpfändungen" in der letzten Zeit zugenommen haben.[52]

Letztlich erscheint es sinnvoll, präventiv zum Beispiel in Form von Seminaren, Vorträgen und Filmbeiträgen, den Gefahren der Überschuldung vorzubeugen. Weiterhin ist vorstellbar, bereits für Auszubildende Seminare zum Thema „Konsumgewohnheiten" zu veranstalten.

### 2.3.2. Suchtberatung und Suchtprävention als Teilbereiche betrieblicher Gesundheitsförderung

Nach einer kurzen Einführung in die Entwicklung der betrieblichen Gesundheitsförderung und einer Auflistung von häufig initiierten Programmen, wird im folgenden vorrangig der Bereich der Suchtproblematik behandelt. Dabei soll hauptsächlich auf die Alkoholproblematik näher eingegangen werden. Hier werden sowohl Grundlagen und Interventionsmöglichkeiten der Suchtberatung bzw. Suchthilfe, als auch der Suchtprävention vorgestellt.

Bereits in der 1986 verabschiedeten „Ottawa-Charta" der „Weltgesundheitsorganisation" wurde auf die prädestinierte Stellung, die den Organisationen und Unternehmen vor allem im Bereich der Implementierung von Gesundheitspräventionsprogrammen zukommt, hingewiesen. Auch in der Arbeits- und Sozialgesetzgebung der letzten 25

---

[51] Vgl. Kottmeyer. 2001 S. 136.
[52] Vgl. Böckmann; Krüger. 1996. S. 143.

Jahre hat der Aspekt Gesundheit, etwa bei der Ausgestaltung der „Fürsorgepflicht" des Arbeitgebers gegenüber dem Arbeitnehmer, verstärkt Beachtung erlangt. Dabei sind Konzepte und Maßnahmen der betrieblichen GF und des Arbeitsschutzes so zu gestalten, dass es den Mitarbeitern leichter fällt, die eigene Gesundheit zu stärken und zu erhalten. Hier wird von neueren Ansätzen ausgehend auf die Förderung der „Eigenkompetenz", das heißt auf das Wissen um die eigenen Fähigkeiten zur Optimierung der Gesundheit, Wert gelegt. Zu diesem Zweck sollen Betriebe auch mit den Krankenkassen und den Berufsgenossenschaften zusammenarbeiten.[53]

Kerkau definiert die Aufgabe der betrieblichen GF wie folgt:

> „Betriebliche Gesundheitsförderung hat die Aufgabe, gesundheitsgerechte Arbeitsbedingungen zu schaffen sowie gesunde Verhaltensweisen zu ermöglichen und zu unterstützen, um die Gesundheit der Mitarbeiter zu fördern."[54]

Als etablierte Aufgabenschwerpunkte der betrieblichen GF werden Maßnahmen wie „Gesundheits-Checks", „Screenings (Reihenuntersuchungen)", „Bewegungs- und Ernährungsangebote", „Psychologische Beratung", „Streßbewältigungsprogramme", „Entspannungskurse", „Gesundheitstage" bis hin zu „Raucherentwöhnung" und „Suchtvorsorge" genannt.[55] Auf letzteres soll nun näher eingegangen werden. Folgende Definition von Sucht wird einleitend angeführt:

> „Sucht ist ein unabweichbares Verlangen nach einem bestimmten Erlebniszustand. Diesem Verlangen werden die Kräfte des Verstandes untergeordnet. Es beeinträchtigt die freie Entfaltung einer Persönlichkeit und zerstört die sozialen Bindungen und die sozialen Chancen eines Individuums."[56]

Woinowski führt aus, dass Drogen zu allen Zeiten konsumiert wurden und der „Elendsalkoholismus" der im Zuge der Industrialisierung einsetzte, schon die damaligen „Fabrikpflegerinnen" beschäftigte. Er gibt aber zu bedenken, dass es noch niemals Zeiten gegeben hat, in der die Auswahl an Drogen so groß und die Beschaffung bzw. der Konsum von Drogen so einfach war wie heute. Hiermit wird vor allem auf die preisgünstige Beschaffung von „Designer-Drogen" angespielt. Die Droge als

---

[53] Vgl. Demmer, Hildegard; Bindzius, Fritz: Gesundheitsförderung in der Arbeitswelt. In: Prävention. Heft 2. 19. Jahrgang. 1996. S. 55 ff.

[54] Kerkau, Katja: Betriebliche Gesundheitsförderung. Faktoren für die erfolgreiche Umsetzung des Gesundheitsförderungskonzepts in Unternehmen. Gamburg. 1997. S. 197.

[55] Vgl. Bös, Klaus; Gröben, Ferdinand: Betriebliche Gesundheitsförderung. Eine Umfrage zum aktuellen Stellenwert und zu Perspektiven. In: Prävention. Heft 1. 18. Jahrgang. 1995. S. 12.

[56] Wanke, Klaus: Süchtiges Verhalten. Deutsche Hauptstelle gegen die Suchtgefahren (Hrsg.): Freiburg im Breisgau. 1985. S. 20.

„Alltagsbestandteil" spielt so auch im Betrieb eine zunehmende Rolle. Weiterhin ist zunächst zwischen legalen Drogen, wie zum Beispiel Alkohol, und illegalen Drogen, wie zum Beispiel Heroin, zu unterscheiden. Bezüglich der „Suchtformen" muss eine weitere Unterscheidung in „stoffgebundene" „Suchtformen", wie zum Beispiel Medikamentensucht und Alkoholsucht, sowie in „nicht stoffgebundene" „Suchtformen", wie zum Beispiel „Arbeitssucht" oder „Spielsucht", vorgenommen werden. Dabei ist der Anteil der nicht stoffgebundenen „Suchtformen" in letzter Zeit stark angestiegen.[57]

Statistiken der „Deutschen Hauptstelle gegen die Suchtgefahren" weisen auf die signifikante Rolle von Alkoholsucht am Arbeitsplatz hin[58]:

> „Wenn wir über Drogen am Arbeitsplatz reden, dürfen wir nicht vergessen, dass nach wie vor der Alkohol das bei weitem verbreitetste Suchtproblem darstellt: Geschätzten 41 000 alkoholbedingten Todesfällen pro Jahr stehen ca. 1 800 jährlich registrierte drogenbedingte Todesfälle entgegen (2;5;6). Die DHS geht von 2,5 Millionen Alkoholabhängigen aus, was einem Bevölkerungsanteil von ca. 3% entspricht, demgegenüber rechnet man mit 100 000 bis 150 000 Abhängigen von harten Drogen in Westdeutschland, was einem prozentualen Bevölkerungsanteil von ca. 0,2% entspricht (1;2;6). Das heißt – statistisch gesehen – müssten wir in unserem betrieblichen Alltag 15 Mal mehr Alkoholabhängige als Drogenabhängige kennen."[59]

Auch nach Feser wird das „Hauptdrogenproblem" in Betrieben dem Alkoholmißbrauch und der Alkoholabhängigkeit zugerechnet. Wie anfangs erwähnt wirkt sich mißbräuchlicher Alkoholkonsum nachhaltig auf die betriebswirtschaftlichen Kosten aus. Der größte Teil dieser Kosten entsteht durch die „suchtbedingten Ausfallzeiten". Weiterhin betreffen die Folgen des Alkoholmißbrauchs die „Arbeitssicherheit", das „Betriebsergebnis", den „Betriebsablauf" sowie den Arbeitsweg.[60]

In der Suchtarbeit wird zwischen latentem „Suchtmittelmissbrauch" und manifester „Suchterkrankung" unterschieden. In bezug auf den Alkoholkonsum ist von missbräuchlichem Konsum zu sprechen, wenn anstatt des in Kauf genommenen Nebeneffektes des Alkohols, zum Beispiel bei Feiern, sich gezielt der berauschenden Neben-

---

[57] Vgl. Woinowski, Bodo: Suchtberatung in der Betrieblichen Sozialarbeit. Eine Standortbestimmung im Zeitalter von schlanker Produktion und Designer – Drogen. In: Blätter der Wohlfahrtspflege. Heft 5. 143. Jahrgang. 1996. S. 139 f.

[58] Vgl. Hupfer, Kirstin: Drogenkonsum und Gefährdung am Arbeitsplatz am Beispiel der chemischen Industrie. In: Deutsche Hauptstelle gegen die Suchtgefahren (Hrsg.): Sucht und Arbeit – Prävention und Therapie substanz- und verhaltensbezogener Störungen in der Arbeitswelt. Freiburg im Preisgau. 2001. S. 129.

[59] Hupfer. 2001. S. 129.

[60] Vgl. Feser, Herbert: Umgang mit suchtgefährdeten Mitarbeitern. Heidelberg. 1997. 11 - 19.

wirkungen des Alkohols bedient wird. Die häufig stimmungsaufhellende Wirkung des Alkohols kann so unbewusst zum Verstärker für erhöhten Alkoholgenuss werden. Unter Alkoholmissbrauch wird ein verstärkter Alkoholkonsum, verbunden mit dem Auftreten erster psychosozialer Symptome wie z.B. Angstgefühle, verstanden. Weiter wird angeführt, dass sich in Betrieben häufig „Trinkgewohnheiten" über längere Zeit verfestigt haben. Dies komme dem schleichenden Krankheitsverlauf des Alkoholismus „zugute". Bereits bei „Suchtmittelmissbrauch" soll deshalb der Einzelne mit seinem Verhalten konfrontiert werden um sich seine Problematik bewusst zu machen und um weitere negative Auswirkungen seines Trinkverhaltens zu verhindern. Vor allem bei der manifesten Alkoholkrankheit wird die Förderung der Krankheitseinsicht als immanent wichtig angesehen, was aber wiederum die Kenntnis des Krankheitsverlaufs sowie der Symptome voraussetzt, heißt es weiter. In diesem Zusammenhang wird auch auf die Problematik der „Co-Abhängigkeit" hingewiesen. Unter „Co-Abhängigkeit" wird die Verharmlosung einer Suchtkrankheit verstanden. So kann für den Betroffenen ein quasi „Schonraum" geschaffen werden, in dem Kollegen und Vorgesetzte dahin tendieren, dem „alkoholauffälligen Mitarbeiter" Verantwortung abzunehmen, womit sie den Leidensdruck vermindern und seine Krankheitseinsicht behindern. Ein Ziel ist es, auf der Grundlage von fundierten Kenntnissen über Krankheitsverlauf und -symptome durch Suchthilfeinterventionen wie Einzelgespräche und präventive Maßnahmen diesen Tendenzen entgegenzuwirken. Der Beratungsprozess beinhaltet bei Bedarf auch die Vermittlung und Begleitung von stationären Maßnahmen. Bei einer „Suchtmittelerkrankung" wie Alkoholismus beinhalten diese Maßnahmen meist eine „Entgiftung" und eine anschließende Entwöhnung. Als weitere unterstützende administrative Tätigkeiten sind häufig Berichte für Sozialversicherungsträger anzufertigen oder Anträge auf „Übergangszahlungen" zu bearbeiten, um den weiteren Lebensunterhalt des Betroffenen zu sichern. Auch soll von Seiten der BSA der Kontakt zu Kliniken gehalten werden, um den Interventionsprozess gemeinsam zu reflektieren und den Wiedereinstieg planen zu können.[61] Ergänzend erscheint es sinnvoll, den Angehörigen, beispielsweise durch das Angebot von Hausbesuchen für eventuelle Rückfragen, zur Verfügung zu stehen.

Einen besonderen Stellenwert innerhalb der betrieblichen Gesundheitsförderung kommt der „Suchtprävention" zu. Nach Feser können so „primär-, sekundär- und ter-

---

[61] Vgl. Walter, Rüdiger: Suchtberatung. In: Jente, Charlotte; Judis, Frank; Meier, Ralf; Steinmetz, Susanne; Wagner, Stephan F. (Hrsg.): Betriebliche Sozialarbeit. Freiburg im Breisgau. 2001. S. 107-112.

tiärpräventive" Interventionen unterschieden werden. Dabei richtet sich die „Primär-prävention" an „gesunde Mitarbeiter" um „Suchtauffälligkeiten und -krankheiten" vorzubeugen. Anders die „Sekundärprävention", die sich an gefährdete Mitarbeiter mit dem Ziel der „Früherkennung" richtet. Die „Tertiärprävention" richtet sich schließlich an „therapierte Suchtkranke" mit dem Ziel, einen Rückfall zu verhin-dern.[62] Für den Aufbau einer umfassenden Suchtprävention schlägt Feser fünf Ziele zur Orientierung vor:

1. „Schaffung von strukturellen, geeigneten Rahmenbedingungen für Suchtprävention, Hilfe und Nachsorge
2. Aufklärung der Vorgesetzten und Mitarbeiter über Suchtgefährdungen, um suchtspezi-fische Auffälligkeiten in ihren Dienstbereichen besser erkennen zu können.
3. Schulung der Vorgesetzten, Personalverantwortlichen, Betriebs-/Personalräte, um den Umgang mit suchtgefährdeten Mitarbeitern besser gestalten zu können
4. Aufbau eines Hilfeangebotes, um betroffene Mitarbeiter frühzeitig einem geeigneten Beratungs- und Therapieangebot zuführen zu können
5. Regelung der Wiedereingliederung, Nachsorge und Rückfallprävention nach Thera-pie"[63]

So wird die Schaffung eines innerbetrieblichen „Arbeitskreises Gesund-heit"/„Gesundheitsqualitätszirkel" vorgeschlagen, um die betriebliche Suchtpräventi-on planen, durchführen und optimieren zu können. In diesen Arbeitskreis sollen so-wohl innerbetriebliche Entscheidungsgremien wie „Werksarzt" und „Sozialarbeiter" sowie externe Berater mit einbezogen werden.[64]

An anderer Stelle wird das neu zu schaffende Gremium als „Steuerungsgruppe Suchtprävention" bezeichnet. Hier wird die Zusammensetzung der Arbeitsgruppe um die „maßgeblichen betrieblichen Entscheidungsinstanzen" der „Betriebsleitung", der „Personalleitung", des „Betriebsrates" sowie durch „betriebliche Suchtkrankenhelfer" ergänzt. Die Aufgaben dieser Steuerungsgruppe bestehen unter anderem darin, Ziele und „Programmelemente" der Suchtprävention zu entwickeln und festzulegen, Schulungen, zum Beispiel für Vorgesetzte, zu planen und zu koordinieren oder be-triebsinterne Öffentlichkeitsarbeit zu konzipieren. Außerdem sollten die Steuerungs-gruppen den Ausbildungsrahmen der „betrieblichen Suchtkrankenhelfer" festlegen sowie „Betriebs/Dienstvereinbarungen vorbereiten und regelmäßig Erfolgskontrollen durchführen. In Betriebs/Dienstvereinbarungen können nach „§ 87 Betriebsverfas-

---

[62] Vgl. Feser. 1997. S. 51.
[63] Feser. 1997. S. 51.
[64] Vgl. Feser. 1997. S. 55 ff.

sungsgesetz" Vorgehensweisen und Maßnahmen der „betrieblichen Suchthilfe" wie Stufenpläne und „Rahmenbedingungen" zwischen der „Unternehmensleitung" und dem „Betriebs- analog Personalrat" geschlossen werden. Die erwähnten betrieblichen „Suchtkrankenhelfer" sind Mitarbeiter des Unternehmens, die auf freiwilliger Basis zumeist in ehren- oder nebenamtlicher Funktion die hauptamtlichen Kräfte der BSA unterstützen. Die Hauptaufgabe für die „SKH" besteht darin, auf kollegialer Ebene einen Zugang zu den Betroffenen zu erreichen und so gegebenenfalls an professionelle Stellen zu vermitteln. Häufig wird dieses Amt von „trockenen Alkoholikern" ausgeübt.[65]

Konzepte, die nach der Methode des „konstruktiven Leidensdruckes" vorgehen, das heißt, dass zum Beispiel in Stufenplänen die Konsequenzen für drogenauffällig gewordene Mitarbeiter durch sogenannte „Interventionsketten" kontinuierlich verschärft werden, um sie so zur Krankheitseinsicht zu bewegen, sollten nach Meinung von Heiderich/Zyska-Wagner auf ihre Wirkung hin untersucht werden. Bei Konsequenzen und Interventionsmaßnahmen sollte für die Betroffenen deutlich werden, dass sie es sind, die diese Konsequenzen mit ihrem Verhalten schaffen und das diese nicht als Bestrafung gedacht sind. Vor allem bezüglich der Analyse von „Rückfallsituationen" ist ein Vergleich mit systemisch-ressourcenorientierten Ansätzen sinnvoll, so die Autoren. Danach wird die Deklaration zu „Kranken" von den Betroffenen häufig als stigmatisierend erlebt. In der Konsequenz für betriebliche Suchtarbeit bedeutet dies für die Autoren, dass die Suchthilfe sich nicht auf ein „Trockenlegeprogramm" reduzieren darf, das heißt, dass die Arbeit nicht allein auf „abstinenzorientierte Suchtberatung" ausgerichtet sein sollte.[66] In diesen Ansätzen steht die Selbstbestimmung bzw. die Eigenverantwortung der Adressaten im Mittelpunkt der Beratungsarbeit. Auf die inhaltliche Ausgestaltung dieser Ansätze wird später eingegangen.

Ein weiterer wichtiger Aspekt betrieblicher Suchtprävention ist die Durchführung von „Informationsveranstaltungen" und „Schulungen". Dabei ist zu beachten, dass „Informationsveranstaltungen" vordergründig bloße „Wissensvermittlung" anstreben,

---

[65] Vgl. Geisbühl, Wolfgang: Suchthilfe und Prävention im Betrieb. Ein Ratgeber. Deutscher Caritasverband, Referat Gefährdetenhilfe (Hrsg.): 3. Auflage. Freiburg im Breisgau. 2001. S. 9,17, 27.

[66] Vgl. Heiderich, Ulrike; Zyska- Wagner, Willy: Von der betrieblichen Suchtberatung zum Wellness-Management? In: Deutsche Hauptstelle gegen die Suchtgefahren (Hrsg.): Sucht und Arbeit – Prävention und Therapie substanz- und verhaltensbezogener Störungen in der Arbeitswelt. Freiburg im Preisgau. 2001. S. 110 f.

wo hingegen „Schulungen" den Erwerb einer bestimmten „Handlungsfähigkeit" der Akteure zum Ziel haben.[67]

Resümierend wird an anderer Stelle angeführt, dass sich die „Arbeitsinhalte" der BSA verändert haben und das „suchtbezogene Themen" zunehmend „integrativer Bestandteil" der allgemeinen psychosozialen Beratung sowie der Entwicklung und Förderung der Führungskompetenz geworden sind. Weiter führen die Autoren aus, dass der Anteil der „Suchtarbeit" innerhalb der BSA zurückgegangen ist und die BSA stärker auf dem Gebiet der Gesundheitsförderung und damit vorwiegend in dem Bereich der Personal- und Organisationsentwicklung tätig ist. Diese Sichtweise der Autoren beinhaltet somit die Annahme, dass in der Praxis vorbeugende bzw. präventive Maßnahmen zunehmend an Bedeutung gewinnen. Auf diesem Hintergrund ist auch die von den Autoren vorgenommene Einteilung der Personal- und Organisationsentwicklung in den Bereich der Gesundheitsförderung zu verstehen.[68]

Von dem Verständnis getragen, dass eine wie auch immer geartete Sucht einer gesunden, das heißt selbstbestimmten Lebensführung entgegensteht, wird in dieser Studie der in der einschlägigen Literatur gängigen Einordnung der betrieblichen „Suchtarbeit" unter den Bereich der Gesundheitsförderung gefolgt. Auch wird der „primärpräventive" Aspekt, der nach Meinung der Autoren in der Schulung von Führungskräften und in der Weiterentwicklung von Team- bzw. Personal- und Organisationsmanagementkonzepten liegt, hier ebenfalls gesehen.

---

[67] Vgl. Nette, Angelika; Pegel-Rimpl, Ute; Wienemann, Elisabeth: Qualitätsaspekte und Qualitätsmanagement in der betrieblichen Suchtprävention und -hilfe. In: Deutsche Hauptstelle gegen die Suchtgefahren (Hrsg.): Sucht und Arbeit – Prävention und Therapie substanz- und verhaltensbezogener Störungen in der Arbeitswelt. Freiburg im Preisgau. 2001. S. 151 ff.

[68] Vgl. Kelchheuser, Ute; Bremmer, Michael: Entwicklungen der Suchtkrankheit in den letzten zehn Jahren in den Unternehmen der Mitglieder des Bundesfachverbandes betriebliche Sozialarbeit (bbs) e.V. In: Deutsche Hauptstelle gegen die Suchtgefahren (Hrsg.): Sucht und Arbeit – Prävention und Therapie substanz- und verhaltensbezogener Störungen in der Arbeitswelt. Freiburg im Preisgau. 2001. S. 71.

## 2.3.3. Mobbingberatung und Prävention

Um den Inhalt bzw. die mögliche Konzeption einer Mobbingberatung skizzieren zu können, ist zunächst die Definition des Begriffs sowie die nähere Beschreibung dieses Phänomens notwendig. Eine erste wissenschaftliche Definition des Mobbing-Begriffs legte der schwedische Arbeitswissenschaftler Heinz Leymann Anfang der achtziger Jahre vor:

> „Als Mobbing wurde ein Konflikttyp bezeichnet, der schnell eskaliert und zu sehr großen Schäden bei der betroffenen Person, bei den betroffenen Betrieben, sowie zu unerhört großen gesellschaftlichen Kosten im Kranken- und Rentenwesen führen kann. Eine Person ist an ihrem Arbeitsplatz gemobbt, wenn sie im Konflikt mit Kollegen oder Vorgesetzten oder beiden in eine unterlegene Position gekommen ist und auf systematische, direkte oder indirekte Weise, sehr oft und während langer Zeit einer oder mehreren von **45 kränkenden Handlungen** ausgesetzt ist. Das läuft nach längerer Zeit auf einen Zustand hinaus, der zu psychischen, sozialen, und wirtschaftlichen Schäden führen kann. Bei den schwedischen Erhebungen wurde die Definition mit folgenden Maßwerten ausgestattet: *Mindestens eine* der 45 Handlungen, *mindestens einmal* die Woche, *mindestens ein halbes* Jahr lang."[69]

Dabei ist der „Begriff Mobbing (von „to mob" das heißt anpöbeln, angreifen, sich stürzen auf)"[70] aus dem angelsächsischen Sprachraum abgeleitet. Die definierten Mobbinghandlungen lassen sich in fünf Kategorien einteilen, wobei hier die Auswirkungen für den Mobbingbetroffenen im Mittelpunkt stehen:

1. „Angriffe auf die Möglichkeiten sich mitzuteilen;
2. Angriffe auf die sozialen Beziehungen;
3. Angriffe auf das soziale Ansehen;
4. Angriffe auf die Qualität der Berufs- und Lebenssituation;
5. Angriffe auf die Gesundheit"[71]

Exemplarisch wird folgend zu jedem der fünf Kategorien in chronologischer Reihenfolge je eine Mobbinghandlung aufgeführt:

1. „Kontaktverweigerungen" durch „Andeutungen", ohne dass man etwas direkt ausspricht.

2. „Versetzung" in einen Raum weitab von den Kollegen.

---

[69] Leymann, Heinz: Mobbing: Definition. http://www.leymann.se/deutsch/12100d.html. 03.10.01. S. 1.

[70] Prosch, Alexandra: Mobbing am Arbeitsplatz. Literaturanalyse mit Fallstudie. Konstanz. 1995. S. 12.

[71] Leymann, Heinz: Mobbing. Psychoterror am Arbeitsplatz und wie man sich dagegen wehren kann. Reinbek bei Hamburg. 1993. S. 33 f.

3. Verbreitung von „Gerüchten".

4. Dem Betroffenen wird jede Beschäftigung am Arbeitsplatz genommen, so dass er nicht einmal mehr die Möglichkeit hat, sich selbst Aufgaben auszudenken.

5. Androhung „körperlicher Gewalt".[72]


Mit der Auflistung des phasenspezifischen Verlaufs des Mobbingprozesses soll der erste Überblick zur Thematik abgeschlossen werden:

➢ Entstehung von Konflikten

➢ Übergang zu „mobbingspezifischen" Konflikten

➢ „Rechtsbrüche" und Beginn der Implementation von Machtgefälle

➢ Ausschluß aus dem „Arbeitssystem" bzw. der Arbeitswelt[73]


In der Literatur differieren die Definitionen von Mobbing, die Auffassungen zum Gegenstand der Mobbinghandlungen und zum phasenspezifischen Mobbingverlauf und werden durchaus kontrovers diskutiert. Auch zum Terminus Mobbing werden aus dem angelsächsischen und anglo-amerikanischen Sprachraum äquivalente Varianten wie „Bullying" genannt. Außerdem wird angesichts der erst seit Anfang der achtziger Jahre betriebenen wissenschaftlichen Erforschung des Mobbingphänomens wiederholt die Notwendigkeit weiterer hermeneutischer und empirischer Forschung betont.[74] Zapf merkt an, dass die Diskussion um das Phänomen Mobbing in Deutschland zwar erst seit Anfang der neunziger Jahre öffentlich geführt wird, dass aber die zugrundeliegende Problematik nicht neu ist. So betrachtet Zapf das Phänomen Mobbing vorrangig aus „stresstheoretischer" Sicht.[75]

Auch Groß legt dem Phänomen Mobbing eine stresstheoretische Orientierung zugrunde, wobei sie den besonderen Stellenwert des Konflikts bei dieser Problematik betont.[76]

„Während Mobbing aus stresstheoretischer Sicht als eine extreme Form sozialer Stressoren verstanden wird, kann Mobbing aus konflikttheoretischer Perspektive als ein nicht

---

[72] Vgl. Leymann. 1993. S. 33 f.

[73] Vgl. Leymann. 1993. S. 60 - 68.

[74] Vgl. Schlaugat, Kerstin: Mobbing am Arbeitsplatz. Eine theoretische und empirische Analyse. Münschen; Mering. 1999. S. 4 - 22.

[75] Vgl. Zapf, Dieter: Mobbing in Organisationen – Überblick zum Stand der Forschung. In: Zeitschrift für Arbeits- u. Organisationspsychologie. Heft 1. 43. Jahrgang. 1999. S. 2 - 21.

[76] Vgl. Groß, Claudia: Mobbing am Arbeitsplatz. Aktuelle Forschungsergebnisse zu einem alltäglichen Phänomen. In: Sozial Extra. Heft 6. 25. Jahrgang. 2001. S. 25.

richtig gelöster Konflikt bezeichnet werden, der wegen seiner Dauer und Intensität eine höhere Eskalationsstufe mit zunehmenden Machtungleichgewicht erreicht hat."[77]

Die möglichen psychosozialen Auswirkungen von Mobbing lassen sich wie folgt zusammenfassen:

1. „Grübelnde Gedankenverläufe", zum Beispiel „Konzentrationsschwierigkeiten"

2. „Psychosomatische Symptome", zum Beispiel „Durchfall" oder „Erbrechen"

3. „Symptome des Erschreckens", zum Beispiel „Schweißausbrüche"

4. „Effekte nach Streßzuständen", zum Beispiel „Rückenschmerzen"

5. „Posttraumatische Belastungsreaktionen", zum Beispiel „Einschlafstörungen"

Dabei nennen die Autoren als mögliche Folgen von länger andauernden Mobbinghandlungen, „innere und tatsächliche Kündigung", „Frühverrentung" bis hin zum Selbstmord.[78]

Die aufgeführten Symptome und die daraus resultierenden Folgen dürfen allerdings nicht als absolut begriffen werden. Nach Walter ist zu beachten, dass diese potentiellen Belastungen im „subjektiven Erleben" verarbeitet werden und so der Grad der individuellen Belastung jeweils unterschiedlich ist.[79] Über die individuellen psychischen und damit möglicherweise verbundenen finanziellen Einbußen, zum Beispiel durch längere Krankschreibung und Frühverrentung, sind betriebswirtschaftliche und volkswirtschaftliche Auswirkungen zu erwarten.

Nach Einschätzung des DGB sind in der Bundesrepublik täglich 1,5 Millionen Menschen von Mobbing betroffen.[80] Die betriebswirtschaftlichen Auswirkungen lassen sich nach Erhebungen des DGB in die Bereiche „Fehlzeiten", „Fluktuation" und „Minderleistung" einteilen. So werden die „Kosten eines Fehltages mit „200 DM bis 800 DM" und die Kosten der „Fluktuation" für einen „Facharbeiter" mit „15000 DM" angegeben. Bezüglich der Minderleistung gaben nach dem Ergebnis einer „norwegischen Studie" „27%" der Befragten an, dass durch Mobbing die „Effektivität" ihrer Arbeit reduziert wird.[81]

---

[77] Groß. 2001. S. 25.

[78] Vgl. Grund, Uwe; Jahn, Rolf; Dick, Ulla; Möckel, Udo; Leymann, Heinz: Mobbing. Psychoterror am Arbeitsplatz. AOK, KDA, DAG Hamburg (Hrsg.): 5. Auflage. Hamburg. 1999. S. 14 f.

[79] Vgl. Walter, Henry: Mobbing: Kleinkrieg am Arbeitsplatz. Konflikte erkennen, offenlegen und lösen. Frankfurt am Main. 1993. S. 58.

[80] Vgl. http://www.dgb.ds/themen/mobbing_einfuehr.htm. 03.10.01. S. 1.

[81] Vgl. http://www.dgb.ds/themen/mobbing_05.htm. 03.10.01. S. 1 f.

Nach Prosch lässt sich der finanzielle Schaden durch Minderleistung schlecht beziffern, doch geht sie ebenfalls davon aus, dass dem Betrieb zum Beispiel durch das „Nichtausschöpfen" von „Synergieeffekten" zwischenmenschlicher Zusammenarbeit erhebliche Kosten entstehen. Darüber hinaus geht sie davon aus, dass die „volkswirtschaftlichen Effekte", hervorgerufen durch die „Kostenaufwendungen" der Krankenkassen und der Arbeits- bzw. Sozialämter enorm sind.[82] So gibt sie folgendes zu bedenken:

> „Neben Leistungen in Form von Krankengeld, Krankenbehandlung, Medikamenten, Kuraufenthalte und Therapien, fallen Aufwendungen wie Arbeitslosengeld, Arbeitslosenhilfe, Frührente oder Sozialhilfe an, die allesamt zu Kosten der Gemeinschaft gehen."[83]

Zur rechtlichen Situation können hier nur einige Eckpunkte benannt werden. So ist es nach „§ 75 Abs. 2 des Betriebsverfassungsgesetzes" die Pflicht von Arbeitgeber und Betriebsrat „Schikanen", die von einem Arbeitnehmer ausgehen, zu unterbinden. Nach den „§§ 84 und 85 BetrVG" besteht für die Arbeitnehmer die Möglichkeit, sich über Benachteiligungen oder ungerechte Behandlungen, die zum Beispiel vom Arbeitgeber ausgehen, zu beschweren. Weiterhin hat der Betriebsrat nach „§ 104 BetrVG" die Möglichkeit, die Versetzung oder die Entlassung des mobbenden Arbeitnehmers zu verlangen. Auch können Schulungen zum „Thema Mobbing" nach „§ 37 Abs. 6 BetrVG" erforderlich sein. Darüber hinaus kann der Betroffene zivilrechtlich nach diversen Grundgesetzartikeln, zum Beispiel Art.1, sowie eine „Unterlassung nach „§ 1004 BGB" oder „Schadensersatz nach „§ 823 BGB" geltend machen. In „schwerwiegenden" Fällen ist es den Betroffen auch möglich das Arbeitsverhältnis nach den „§§ 626, 668 BGB" fristlos zu kündigen und den durch die Kündigung entstehenden Schaden zu verlangen. Strafrechtlich kann der Gemoppte nach den „§§ 223, 185, 186, 187 StGB" den „Tatbestand" der „Körperverletzung", der „Beleidigung", der „üblen Nachrede" sowie der „Verleumdung" geltend machen.[84] Die Literatur weist darauf hin, dass bei Gerichtsprozessen immer wieder die Schwierigkeit der Beweisführung besteht. Deshalb empfiehlt es sich für Betroffene, ein „Mobbingtagebuch" zu führen.[85]

---

[82] Vgl. Prosch. 1995. S. 111 f.

[83] Prosch. 1995. S. 112.

[84] Vgl. Schwickerath, Josef: Mobbing am Arbeitsplatz. Aktuelle Konzepte zu Therapie, Diagnose und Verhaltenstherapie. In: Psychotherapeut. Heft 3. 46. Jahrgang. 2001. S. 203 f.

[85] Vgl. http://www.mobbing-net.de/body_mobbingtagebuch.html. 03.10.01. S. 1.

In Anbetracht des begrenzten Rahmens dieser Studie muss hier auf eine ausführliche Darstellung branchenspezifischer, soziodemographischer sowie geschlechtsspezifischer Korrelationen mit dem Mobbingphänomen verzichtet werden. Es soll nachstehend dennoch eine kurze Einschätzung wiedergegeben werden.

Nach Zapf kommt Mobbing häufiger in Bereichen des Sozial- und Gesundheitswesens sowie in der öffentlichen Verwaltung vor. Zapf kommt außerdem zu der Einschätzung, dass Mobbing häufiger in der oberen Hierarchieebene praktiziert wird. So sind nach Zapf „Angestellte", „Beamte" und „Führungskräfte" häufiger Mobbingattacken ausgesetzt, als Arbeiter im Produktionsbereich. Weiterhin konnte er keine signifikanten geschlechtsspezifischen Unterschiede bei der Mobbinghäufigkeit feststellen. Hinsichtlich des Zusammenhangs von Mobbing und Alter ist nach Zapf eine gewisse Häufung ab dem vierzigsten Lebensjahr festzustellen.[86] Abschließend sollen ausgehend von vermuteten Ursachen zur Entstehung von Mobbing Möglichkeiten der Intervention und Prävention aufgezeigt werden:

> „Bei der Analyse der Ursachen muß vorweg gesagt werden, daß es zur Zeit noch praktisch keine empirischen Belege gibt, die methodisch strengen Kriterien der Ursachenanalyse standhalten würden. Dies würde umfangreiche Längsschnittstudien erfordern, die möglicherweise nie realisiert werden. Ursachen können einmal in der Organisation, in der Gruppe, in der Person des Täters und in der Person des Opfers gesehen werden."[87]

Nach Zapf ist weiterhin strittig, welche Ursachen letztlich für die Entwicklung von Mobbing ausschlaggebend sind. Jedoch geht er davon aus, dass die Gründe für Mobbing in allen vier Ursachenbereichen zu suchen sind.[88]

An anderer Stelle werden auch wirtschaftliche und gesellschaftliche Ursachen für Mobbing, wie zum Beispiel „technologischer Wandel", „gesättigte Märkte" bzw. Rezession, oder „Globalisierung" aufgeführt. Nach Steinmetz können diese Veränderungen bei den Mitarbeitern zu Unsicherheiten und Befürchtungen über den Erhalt des Arbeitsplatzes führen. Als Folge dieser Unsicherheiten ist mit "abnehmender Kollegialität" und „Konkurrenzkampf" zu rechnen, der dann in Mobbing eskalieren kann, so Steinmetz weiter.[89]

Nach der komprimierten Darstellung der wichtigsten Ergebnisse der Mobbingforschung soll nun auf Interventions- bzw. Präventionsmöglichkeiten eingegangen wer-

---

[86] Vgl. Zapf. 1999. S. 7 - 21.
[87] Zapf. 1999. S. 12.
[88] Vgl. Zapf. 1999. S. 21.
[89] Vgl. Steinmetz. 2001. S. 208 ff.

den. Dabei wird mit letzterem begonnen. Wie anfangs beschrieben, wird allgemein von einer „stresstheoretischen" bzw. konflikttheoretischen Betrachtungsweise des Mobbingphänomens ausgegangen. Wenn davon ausgegangen wird, dass Mobbing sich vor allem über ungelöste bzw. verdrängte Konflikte entwickelt und fortbesteht, was wiederum die wechselseitige Zunahme von Stressoren bei Opfer und Täter fördert, liegt es nahe, dass es wichtig ist, dieses Muster zu durchbrechen. Nach Prosch ist als Grundlage erfolgreicher Personalpolitik die Fähigkeit zur „Teamarbeit" und damit zur „Konflikt- und Kommunikationsfähigkeit" als immanent anzusehen. Zur Umsetzung dieser Erkenntnis schlägt sie die Einführung von „Gruppenarbeit" vor.[90] Anders ausgedrückt könnte das Postulat aufgestellt werden, dass zuvorderst eine innerbetriebliche Kommunikations- bzw. Streitkultur geschaffen werden muss. Wie und für welchen Einsatz Teamarbeit gestaltet werden kann, soll in einem eigenständigen Punkt Teamentwicklung erläutert werden. Dies erscheint notwendig, da die Auffassung vertreten wird, dass der betriebliche Alltag von einer Vielzahl von Reibungsverlusten gekennzeichnet ist, die nicht immer zu Mobbing ausarten müssen, aber letztlich für alle Beteiligten hinderlich sind.

Auf einer anderen präventiven Ebene schlägt Prosch die Durchführung von „Kursen" und „Seminaren" zum Thema Mobbing für die Mitarbeiter und Führungskräfte sowie die Vereinbarung von „schriftlichen Regelungen" vor, die unter anderem eine „Betriebsvereinbarung" gegen Mobbing beinhalten. Allerdings ist es wichtig, so Prosch weiter, dass diese Vereinbarung mit „Leben" gefüllt wird und nicht zur Formalie verkommt. Inhalt der Betriebsvereinbarung kann nach Porsch unter anderem die Implementierung von betrieblichen „Frühwarnsystemen" und „Schlichtungsverfahren" sein.[91] Vor allem aber wenn die geforderte frühzeitige, präventive Sensibilisierung für Konflikte außer acht gelassen wurde, werden Vorgesetzte, Betriebsräte und SA/SP im Betrieb häufig vor vollendete Tatsachen gestellt und es muss zunächst, vergleichbar mit der Alkoholproblematik, psychosoziale Krisenintervention geleistet werden.

So ließe sich eine Mobbingberatung im Sinne einer Krisenintervention auch unter die in 2.3.2. beschriebenen Gesundheitsförderung und innerhalb dieser zur psychologischen Beratung zuordnen. Es ist allerdings zu betonen, dass eine solche Beratung als erste Anlaufstelle zu sehen ist und der Interventionsanspruch zunächst niederschwellig anzusiedeln ist. Kriseninterventionen zeichnen sich inhaltlich unter anderem da-

---

[90] Vgl. Prosch. 1995. S. 117 f.
[91] Vgl. Prosch. 1995. S. 120 / 127 - 32.

40

durch aus, dem Betroffenen zuzuhören, seine Ressourcen wahrzunehmen, ihm diese zu spiegeln und ihn darüber zunächst zu stabilisieren, sowie weiterführende Hilfen zu vermitteln. Als Praxisbeispiel für eine solche erste Anlaufstelle soll nachstehend in einem kurzen Exkurs die Konzeption der „Mobbing-Kontaktstelle für den Raum des Bistums Aachen"[92] und insbesondere die Implementierung des „Mobbingtelefons" dargestellt werden.

## 2.3.4. Exkurs: „Mobbingtelefon"

Der strukturelle Aufbau bzw. die Vernetzung ist für die Entwicklung und den Bestand von Projekten äußerst wichtig. Daher wird nachstehend kurz auf den Aufbau der „Mobbing-Kontakt-Stelle" eingegangen.

> „Als Kooperationspartner fungieren heute: die Arbeiter- und Betriebspastoral im Bistum Aachen, die Katholische Arbeitnehmerbewegung, das Oswald-von-Nell-Breuninghaus und der Deutsche Gewerkschaftsbund. Die Telefonseelsorge begleitete die Ausbildung der Ehrenamtlichen."[93]

Die inhaltliche Zielsetzung der „Mobbing-Kontakt-Stelle" stellt sich wie folgt dar:

> „Die Mobbing-Kontakt-Stelle soll belasteten Menschen in der Arbeitswelt konkrete Hilfen anbieten, zu einer fachlich-fundierten öffentlichen Diskussion beitragen und ein Netzwerk für Opfer/Betroffene im Bistum Aachen aufbauen. Das Mobbingtelefon, das zuvorderst aufgebaut werden soll, wird zweimal wöchentlich zu erreichen sein. Die einzelnen Bausteine für die Mobbing-Kontakt-Stelle sind: das Mobbingtelefon, Hilfe bei Krisenintervention, Schulungsangebote für MultiplikatorInnen, evtl. Ausbildung in Mobbing- und Konfliktberatung, Öffentlichkeitsarbeit und die Zusammenarbeit mit Hochschulen."[94]

Dabei ist als besonderes Strukturelement heraus zu stellen, dass die „Mobbing-Kontakt-Stelle" und insbesondere das „Mobbingtelefon", hauptsächlich von Ehrenamtlichen getragen wird.[95] „Das Mobbing- Telefon, der erste Schritt des Projektes >Mobbing.Kontakt-Stelle< (...), wurde am 19. April 2001 geschaltet und ist unter einer kostenlosen 0800er Telefonnummer zweimal wöchentlich erreichbar."[96]

Auch Backes bezeichnet die inhaltliche Ausrichtung des „Mobbingtelefons" als „niederschwelliges Angebot", was wie schon erwähnt, die Ausrichtung einer Kriseninter-

---

[92] Backes, Heinz: Diplomarbeit zum Thema: Mobbing am Arbeitsplatz – Eine Herausforderung für die (arbeits-) weltbezogene Seelsorge der Kirche? An der Theologischen Fakultät Paderborn. 2001. S. 55.

[93] Backes. 2001. S. 55.

[94] Backes. 2001. S. 56.

[95] Vgl. Backes. 2001. S. 56.

[96] Backes. 2001. S. 3.

vention kennzeichnet.[97] In diesem Zusammenhang betont auch Zapf die wichtige Funktion von Mobbingtelefonen bezüglich einer ersten Orientierung und Weitervermittlung für die Betroffenen.[98]

## 2.3.5. Teamentwicklung

Basierend auf der in 2.3.3. wiedergegebenen Einschätzung von wirtschaftlichen und gesellschaftlichen Veränderungsprozessen und ihrer möglichen betrieblichen Auswirkungen soll die folgende Einschätzung bezüglich der Erweiterung des Tätigkeitsbereichs der BSA wiedergegeben werden:

> „Durch die sich verändernden wirtschaftlichen und gesellschaftlichen Rahmenbedingungen werden auch andere Ansprüche an die Sozialberatung herangetragen. Viele Sozialberatungen haben diese Tendenzen erkannt und ihr Beratungsangebot modifiziert und sich z.B. auch in die Bereiche Gruppenarbeit, Konfliktberatung in Gruppen, Moderation von Gruppen, Teamentwicklung usw. eingebracht."[99]

Der diesem Ansatz zugrundeliegende Perspektivenwechsel lässt sich wie folgt zusammenfassen:

> „Moderne Unternehmensphilosophien und -strategien kennzeichnen den Betrieb als >>offenes System<<. Die Rede ist von kommunikationsorientierten und identitätsfördernden Führungsstilen, von der Selbststeuerung der Mitarbeiter/ -innen in (weitgehend) autonomen Arbeitsgruppen, vom Abschied von der traditionellen Personalpolitik zugunsten einer >>human- ressources<<- Politik, die den produzierenden Menschen mitsamt seinen Alltagserfahrungen und kommunikativen Bedürfnissen und Kompetenzen in den Mittelpunkt der Betriebspolitik rückt. Den Führungskräften wird gar empfohlen, sich über Supervision für soziale Prozesse im Betrieb zu sensibilisieren.[100]

Wie aus dem Überblick ersichtlich wird, bezieht sich die Teamentwicklung sowohl auf die Arbeit mit Führungskräften, als auch auf die Arbeit mit Mitarbeitern. Nach Münker-Kramer lässt sich dabei die Intention der Teamentwicklung, das heißt die Steigerung des „Wohlbefindens" am Arbeitsplatz, in nahezu allen denkbaren Arbeitsgruppen und Beschäftigungsbereichen verwirklichen.[101] Da unter dem Begriff Teamentwicklung unterschiedliche Inhalte subsumiert werden und um aufzuzeigen, welche Faktoren Einfluß auf das Wohlbefinden am Arbeitsplatz haben können, soll

---

[97] Vgl. Backes. 2001. S. 57.

[98] Vgl. Zapf. 1999. S. 22.

[99] Steinmetz. 2001. S. 207.

[100] Blandow. 1993. S. 312.

[101] Vgl. Münker-Kramer, Eva: Teamentwicklung. Eine Herausforderung für den/die OrganisationspsychologIn. http://www. boep.or.at/html/artikel2.htm. 09.10.01. S. 2 f.

nachstehend eine Begriffsklärung sowie eine Einteilung der möglichen Inhalte vorgenommen werden. Nach Münker-Kramer ist die Teamentwicklung als „Teilgebiet" der Organisations- und Personalentwicklung zu sehen.[102]

An anderer Stelle heißt es, dass die Wurzeln der Teamentwicklung bis in die zwanziger Jahre des letzten Jahrhunderts zurück gehen, wo in den „Hawthorne-Sudien" die Auswirkungen des bis dahin gängigen Arbeitsprinzips des „Taylorismus" untersucht wurden. Hier wurden die Grundlagen des „Human-Relations-Ansatzes" gelegt. Im deutschen Sprachraum wurde dieser Ansatz unter dem Begriff „Humanisierung der Arbeit" bekannt, bei dem, wie schon oben erwähnt, der Mensch im Arbeitsprozeß im Mittelpunkt steht. Auch die „Kleingruppenforschung" der vierziger und sechziger Jahre hat für Konzepte der Teamentwicklung theoretisches Hintergrundwissen geliefert.[103]

Nach Münker-Kramer soll – in Anlehnung an damalige Programme wie „Sensitivity-Trainings" – die „soziale Sensibilität" und „Kompetenz" sowie die Erweiterung der „Verhaltenflexibilität" gefördert werden.[104] Nach Graeff sind unter den „Sensitivity-Trainings" Selbsterfahrungskonzepte zu verstehen, in denen die „Gefühle der Teilnehmer" in einer vertrauensvollen Atmosphäre thematisiert werden können. Ihren formellen Rahmen hatten diese Konzepte in den sogenannten „Encounter Gruppen".[105]

Weiterhin spielt der Aspekt der Effektivität bezüglich der Arbeitsleistung für die Implementierung der Teamentwicklung eine wesentliche Rolle, so dass qualitativ zwischen Gruppen und Teams zu unterscheiden ist. So heißt es an anderer Stelle, dass die Arbeitsleistung einer Arbeitsgruppe prinzipiell mit der „Summe" der „Einzelleistungen" ihrer Mitglieder gleichzusetzen ist. Teams dagegen entwickeln eine sogenannte „positive Synergie", was dazu führt, dass hier von einer Gesamtleistung der Gruppe gesprochen werden kann, die grösser ist als die Summe der Einzelleistun-

---

[102] Vgl. Münker-Kramer. 09.10.01. S. 4.

[103] Vgl. Breisig, Thomas: It`s Team Time. Kleingruppenkonzepte in Unternehmen. Köln. 1990. S. 56 ff.

[104] Vgl. Münker-Kramer. 09.10.01. S. 5.

[105] Vgl. Graeff, Peter: Organisationsentwicklung. In: Boskamp, Peter; Knapp, Rudolf (Hrsg.): Führung und Leitung in sozialen Organisationen. Handlungsorientierte Ansätze für neue Managementkompetenz. Neuwied. 1996. S. 203.

gen.[106] So lässt sich nach Münker-Kramer der Unterschied der Arbeitsgruppe zum Team in Gegensatzpaaren darstellen.

> Wettbewerb nach „innen" – Wettbewerb nach „außen"
> „unflexibel" – „innovativ", oder
> „autokratisch" – partnerschaftlich[107]

Zusammenfassend nennt sie folgende Aspekte, die nach ihrer Ansicht „Teamfähigkeit" kennzeichnen: „Mitbestimmung, gegenseitige Akzeptanz in Stärken und Schwächen, inhaltliche Diskussionen anstatt „Machtspielchen", gute „Kommunikationsfähigkeit" „(zuhören, ausreden lassen)", „Konfliktfähigkeit" untereinander."[108] Weiterhin teilt Münker-Kramer die Teamentwicklung in vier Formen ein, wobei diese Einteilung nicht als absolut anzusehen ist. Sie erleichtert allerdings die Einordnung von Interventionen unter dem zum Teil inflationär gebräuchlichen Begriff der Teamentwicklung:

> **„Teamentwicklung als Prophylaxe – Teambegleitung:"**
Bei dieser Form der Teamentwicklung geht es darum, einen „erreichten", positiven „Zustand" zu erhalten, bzw. diesen durch die Orientierung an den Kompetenzen der Mitarbeiter „prophylaktisch", das heißt präventiv, „abzusichern". Dieses Verständnis kann auch die Vorbereitung auf neue „Herausforderungen" beinhalten.
Inhaltlich können unter anderem Bereiche wie die Einrichtung neuer „Steuerungsinstrumente" zur Verbesserung der „Ablauforganisation" auf „Teamebene" sowie die Entwicklung eines „gemeinsamen Leitbildes" bearbeitet werden. Methodisch kann hier unter anderem mit der Erstellung von „Entwicklungslinien", mit „Theorieinputs" sowie mit „Moderationstechniken" gearbeitet werden.

> **„Teamentwicklung als Organisationshilfe:"**
Hier stehen verstärkt „ablauforganisatorische" Fragestellungen, die begleitet und moderiert werden sollen, im Mittelpunkt. So können „strategische Neuorientierungen" des Unternehmens, zum Beispiel bezüglich von Hierarchieebenen, initiiert werden. Auch lässt sich in dieser Form der Teamentwicklung „Projektmanagement" entwik-

---

[106] Vgl. Weinert, Ansfried: Organisationspsychologie. Ein Lehrbuch. 4. Auflage. Weinheim. 1998. S. 399 f.
[107] Vgl. Münker-Kramer. 09.10.01. S. 7.
[108] Vgl. Münker-Kramer. 09.10.01. S. 7.

keln und implementieren. Nach Münker-Kramer findet sich in dieser Form der Teamentwicklung die „Schnittstelle" mit der Organisationsentwicklung.

> **„Teamentwicklung im „wörtlichen/engeren" Sinne:"**

In diesen Bereich fallen Aufgaben wie die Integration von Mitarbeitern in bestehende Teams, die Unterstützung der Teams bei „Umstrukturierungen" und „Neustrukturierungen" sowie bei der Entwicklung von Gruppen zu Teams unterstützend tätig zu werden. Methodisch lassen sich diese Aufgaben durch Maßnahmen zur Stärkung einer „gemeinsamen Identität" und durch „prozeßorientierte" „interpersonelle" oder „subgruppenmäßige" „soziometrische" Methoden wie „Rollenanalysen" erfüllen. Auch dieses Vorgehen kann in konkrete „Outputs" wie in die Erstellung einer „Corporate Identity" eingebunden werden.

> **„Teamentwicklung als Krisenintervention:"**

Bei latenten oder manifesten „Konfliktsituationen" kann diese Form der Teamentwicklung eingesetzt werden, die sich inhaltlich an den Methoden der „Teamsupervision" orientiert. So werden hier vor allem Ansätze des „Konfliktmanagements", auf Grundlage der „Kommunikationstheorie" in Verbindung mit „systemischen" Konzepten rezipiert. Konkrete Ergebnisse lassen sich dann in Form von zum Beispiel „Kooperationsverträgen" festhalten. Nach Münker-Kramer gehört in diesen Bereich auch die Bewusstmachung bzw. die kritische Reflexion „informeller Regeln" im Team bzw. der Gruppe. So geht es gleichwohl darum, internalisierte Kommunikationsstrukturen, die zu „Mißverständnissen" und Konflikten geführt haben bzw. führen, aufzulösen.[109]

An anderer Stelle betont sie, dass die Probleme häufig im Bereich „zwischenmenschlicher Prozesse" liegen. Dann kann ein anderes „Setting" zur Problembearbeitung nötig sein.[110] Nagel führt folgende Sichtweise an: „Externe Berater sind dazu prädestiniert, eingeschliffene Beziehungsmuster, die Lernprozessen im Wege stehen, zu erkennen."[111] Diese Fähigkeit wird durch ihre exponierte Stellung begünstigt.

Aus systemischer Perspektive heißt es in diesem Zusammenhang: „Wenn Berater einen Input geben, dann einen in Form sozialer Fertigkeiten, die den Beteiligten in ihrer

---

[109] Vgl. Münker-Kramer. 09.10.01. S. 8 ff.
[110] Vgl. Münker-Kramer. 09.10.01. S. 14.
[111] Nagel, Erik: Prozessgestaltung deckt eingeschliffene Muster auf. Blinde Flecken erkennen. http://www.alpha-online.ch/archiv/texte/show_artikel.cfm?id=1999. 09.10.01. S. 2.

Selbstorganisation behilflich sein sollen."[112] Die Autoren beziehen sich hier auf den Aspekt der Organisationsentwicklung und schlagen weiterhin eine strukturierte Vorgehensweise vor: „Organisationsentwicklung beginnt – und endet häufig auch damit – bei Untersuchungen über das „Organisationsklima", den Führungsstil, über Konflikte zwischen Abteilungen sowie „Potential"- Untersuchungen an einzelnen Arbeitsplätzen."[113]

Für alle Bereiche der Teamentwicklung ist laut Münker-Kramer die Förderung von „Erhaltungslernen" und „innovativem Lernen" wichtig, wobei dem letzteren angesichts zunehmender Umbruch- bzw. Umgestaltungsprozessen in Unternehmen wachsende Bedeutung zukommt. So geht sie hier von einer „kommunikationspsychologisch" und „sozialpsychologisch" orientierten Teamentwicklung aus. Dabei ist es wichtig, eine „gemeinsame Analyse" der „hemmenden" und „fördernden Faktoren" in Teams, die Art der „Führungskultur" und „Gesprächsführung" untereinander vorzunehmen, um dann mit Hilfe von erarbeiteten Kommunikationsregeln und Kooperationsprinzipien zu intervenieren.[114]

Da der Begriff „Coaching" in der Literatur zur Teamentwicklung verwendet wird, soll auch hierauf kurz eingegangen werden. Vogel und andere betonen, dass der „Coach" im Unterschied zum „Trainer" bei aktuellen Problemen berät und dabei die „Qualität" der „Kommunikation" im Blick behält, was wiederum zur Weiterentwicklung der Betroffenen beitragen soll. Dagegen gibt der Trainer nur ein bestimmtes „Wissen", etwa wie ein Lehrer, weiter.[115] Abschließend soll folgende Definition wiedergegeben werden:

> „So gesehen ist „Coaching" nichts anderes als eine Form von Kurzzeitsupervision. Sie ist personenzentrierte Arbeit mit Führungskräften in bezug auf die Fragen, wie sie ihre Managerrolle bewältigen können. Das Coaching kann auch eingesetzt werden als Karriereberatung und als Instrument der Personalentwicklung. Ein Coach ist vorzugsweise ein externer Berater."[116]

Auf die Methode der Supervision wird in Kapitel 4.2. eingegangen.

---

[112] Vogel, Hans-Christoph; Bürger, Brigitte; Nebel, Georg; Kersting, Heinz J.: Werkbuch für Organisationsberater. 2. Auflage. Aachen. 1997. S. 20.

[113] Vogel; Bürger; Nebel; Kersting. 1997. S. 21.

[114] Vgl. Münker-Kramer. 09.10.01. S. 11.

[115] Vgl. Vogel; Bürger; Nebel; Kersting. 1997. S. 161.

[116] Vogel; Bürger; Nebel; Kersting. 1997. S. 161 f.

## 2.3.6. Berufliche Weiterbildung

Als letzter Tätigkeitsbereich der BSA soll nun die berufliche Weiterbildung vorgestellt werden. Der Stellenwert der BSA für den Bereich der beruflichen Weiterbildung wird wie folgt definiert: „Die betriebliche Sozialarbeit hat innerhalb des Betriebes eine qualifizierende Funktion. Sozialberater sind Trainer in der betrieblichen Erwachsenenbildung."[117]

Nach Engler besteht in diesem Bereich die Aufgabe der BSA darin, Schulungseinheiten, „inhaltlich" und „methodisch-didaktisch" zu planen, vorzubereiten und durchzuführen.[118] Bevor nun aber explizit auf Anwendungsbeispiele der beruflichen Weiterbildung in Betrieben bzw. Unternehmen eingegangen wird, soll eine mögliche Definition und Einordnung sowie der sich im Umbruch befindliche bildungspolitische Anspruch der beruflichen Weiterbildung kurz dargestellt werden. An anderer Stelle heißt es zur bildungspolitischen Relevanz der beruflichen Weiterbildung, dass „Weiterbildung zu einem zentralen Faktor der Innovation und Produktivität geworden"[119] ist. Die zu verzeichnende Weiterbildungsnachfrage ist nach Sauter unter anderem auf folgende Entwichkungstrends zurückzuführen:

➢ „strukturelle Veränderungen" des „Arbeitskräftepotentials bzw. -angebots", zum Beispiel durch die steigende Anzahl älterer Erwerbspersonen, die wachsende „Erwerbsbeteiligung" der Frauen und die Zuwanderung von „Aussiedlern"

➢ neue Anforderungen an die Qualifikationen, resultierend aus dem „technologischen Strukturwandel", der „Globalisierung" der „Märkte", „fachübergreifende" Qualifikationen, das heißt systemische Denkweise und Kommunikationsfähigkeit

➢ „Neubewertung" der Erwerbsarbeit infolge des gesellschaftlichen „Wertewandels" und die Bedeutung der Qualifizierung angesichts der anhaltenden „Massenarbeitslosigkeit"[120]

---

[117] Engler, Rolf: Über den Profit hinaus. Geschichte, Aufgaben und Perspektiven betrieblicher Sozialarbeit in Deutschland. In: Blätter der Wohlfahrtspflege. Heft 5. 143. Jahrgang. 1996. S. 122.

[118] Vgl. Engler. 1996. S. 122.

[119] Sauter, Edgar: Berufliche Weiterbildung in Deutschland – Strukturen und Entwicklungen. Vortrag auf der Fachtagung „ Zur Weiterentwicklung der beruflichen Bildung in Deutschland, Schweiz, Liechtenstein und Österreich Grundstrukturen, Analysen, Perspektiven" vom 14. bis 16. April 1997 in Berlin. http://www.bibb.de/publikat/reden97/19970414.htm. 12.10.01. S. 1.

[120] Vgl. Sauter. 1997. S. 1.

Weiterhin soll das folgende Verständnis von Weiterbildung zugrunde gelegt werden:

„Unter Weiterbildung wird allgemein die Fortsetzung oder Wiederaufnahme organisierten Lernens nach Abschluß einer ersten Bildungsphase und nach Aufnahme einer Berufstätigkeit verstanden. Wachsende Bedeutung hat das gestützte Lernen in der Arbeit und darüber hinaus das selbstständige Lernen im Arbeitsprozeß."[121]

Als Maßnahmen der beruflichen Weiterbildung werden unter anderem folgende Angebote verstanden, die meist in Form von Lehrgängen absolviert werden:
- „Umschulung", „Halbtagesseminare" und „Aufstiegsfortbildung"
- „Einarbeitung", „Besuch von Fachmessen" und „Anpassungsfortbildung"[122]

Nach Sauter kann nach dem Aspekt der Finanzierung,
➢ die betriebliche Weiterbildung,
➢ die „AFG-geförderte" Weiterbildung,
➢ sowie die „staatlich" unterstützte Weiterbildung unterschieden werden.[123]

Wenn auch eine Trennung nach der Finanzierung in der Praxis wohl nicht sehr häufig zu erwarten ist, so wird diese Einteilung hier dennoch genutzt, um zu betonen, dass der Schwerpunkt in den folgenden Ausführungen auf der institutionellen Eingebundenheit der Weiterbildung in den Betrieb liegt. Weiterhin muss nach Sauter auf die unterschiedlichen Rechtsgrundlagen hingewiesen werden. Hiernach ist für Weiterbildungsmaßnahmen in Betrieben der „Bund", und für die berufliche Weiterbildung in Schulen, wie zum Beispiel „Fachschulen", die „Länder" zuständig.[124]

Als Maßnahmen der betrieblichen Weiterbildung können,
- „Einweisung" am Arbeitsplatz,
- „Computergestütztes Lernen" am Arbeitsplatz,
- „Qualitätszirkel", „Werkstattzirkel", „Lernstatt" bezeichnet werden.[125]

---

[121] Sauter. 1997. S. 3.
[122] Vgl. Referat 53. Erwachsenenbildung/Weiterbildung. http://www.mk.sachsen-anhalt.de/min/beruf/43beruflberuflich.htm. 13.10.0.1. S. 1.
[123] Vgl. Sauter. 1997. S. 3 f.
[124] Vgl. Sauter. 1997. S. 4.
[125] Vgl. Referat 53. S. 1.

Zur Definition der Aufgaben von „Qualitätszirkel", „Werkstattzirkel" und „Lernstatt"
wird folgende Einschätzung angeführt:

> „Ihre Zielsetzung ist, eine stetige Qualitätsverbesserung der Produkte und der Arbeit zu er-
> reichen, indem eine kleine Gruppe von Arbeitern sich zu bestimmten Terminen regelmä-
> ßig trifft, um Arbeitsprobleme zu besprechen und Lösungen zu finden."[126]

Nach Breisig hat sich das „Lernstatt-Konzept" von einem ursprünglichen Sprach- und
Qualifikationsmodell für ausländische Arbeitnehmer zu einem Kommunikationsmo-
dell und vor allem zu einem „Problemlösungsmodell" entwickelt. Dabei „rückten"
die „Lernstatt-Projekte" in den späten 70er Jahren thematisch mehr in die Nähe der
Qualitätszirkel.[127] Die Art der Trägereinbindung der betrieblichen Weiterbildung gibt
die folgende Einschätzung wieder:

> „(...)Betriebliche und außerbetriebliche berufliche Weiterbildung umfasst alle Maßnah-
> men, bei denen der Arbeitgebende bzw. der Betrieb Träger ist. Diese Definition schließt
> Arbeitgebende in der Privatwirtschaft und im Öffentlichen Dienst ein."[128]

Der bildungspolitische Wandel hält auch in den Bereich der betrieblichen Weiterbildung Einzug. So hat sich nach Baethge/Schiersmann die berufliche Weiterbildung
bezüglich ihrer „Lernziele" und „Lerninhalte" von der Vermittlung „fachbezogener
Kenntnisse" zur Vermittlung von „Kompetenzentwicklung" sozialer und kommuni-
kativer Persönlichkeitsaspekte gewandelt. Dabei betonen die Autoren, dass Kompetenzen wie „Selbstorganisation" und „Gestaltungsfähigkeiten" die „fachlichen Qualifikationen" nicht ersetzen, sondern diese eher ergänzen.[129] Weiter wird von den Autoren die Ansicht vertreten, dass der Förderung der „sozial-kommunikativen Kompetenzen" von Mitarbeitern künftig mehr Bedeutung zukommt und dass diese Kompetenzen vor allem durch modifiziertes methodisches Vorgehen – wie in „Qualitätszir-
keln" und „Projektarbeit" möglich – vermittelt werden können. Hierbei setzen die
Autoren den Begriff der „sozial-kommunikativen Kompetenzen" mit dem in der Öf-
fentlichkeit bekannt gewordenen Begriff der „Schlüsselqualifikationen" gleich.[130]

---

[126] Graeff. S. 205.
[127] Vgl. Breisig. S. 21 ff.
[128] Referat 53. S. 1.
[129] Vgl. Baethge, Martin; Schiersmann, Christiane: Prozessorientierte Arbeits- und Betriebsorganisation – Konsequenzen für Anforderungen an „Lebensbegleitendes Lernen." In: Achtenhagen,
Frank; Lempert, Wolfgang (Hrsg.): Lebenslanges Lernen im Beruf. Seine Grundlegung im Kin-
des- und Jugendalter (II). Opladen. 2000. S. 35 ff.
[130] Vgl. Baethge; Schiersmann. 2000. S. 38 f.

Wenn gewisse Kompetenzen gefördert werden sollen, muss allerdings vorher klar sein, welche Fähigkeiten konkret mit diesen Kompetenzen gemeint sind. Die Fähigkeiten, die bei Mitarbeitern gefördert werden sollen, müssen also zunächst einmal operationalisiert werden. Das notwendige Operationalisieren des Begriffs Schlüsselqualifikationen gestaltet sich durch die in der Literatur synonym verwendeten Begriffe und unterschiedlich verstandenen Inhalte als schwierig. Auch in dieser Untersuchung kann keine wissenschaftliche Operationalisierung des Begriffs „Schlüsselqualifikationen" geleistet werden. Dennoch sollen nachstehend einige Sichtweisen dargestellt werden.

Eine gängige Einteilung der Schlüsselqualifikationen erfolgt unter den Aspekten von:

> „Sachkompetenz", wie zum Beispiel Fähigkeit zu „theoretischem Denken",

> „Sozialkompetenz", wie zum Beispiel „Kommunikations- und Teamfähigkeit",

> „Selbstkompetenz", wie zum Beispiel Klarheit im persönlichen „Rollenverständnis".[131]

An anderer Stelle wird die „Sozialkompetenz" weiter in „gruppenbezogene" Kompetenzen, wie zum Beispiel „Teamfähigkeit", und „persönliche" Kompetenzen, wie zum Beispiel Toleranz, unterteilt. Auch wird hier der Parameter „Selbstkompetenz" durch „Managementkompetenz", beispielsweise „Beurteilungskompetenz", ausgetauscht.[132]

In einem Artikel der Wirtschaftswoche werden synonym zum Begriff der Schlüsselqualifikationen die Termini „Kernkompetenz", „Soft-Skills" oder „persönliches Kompetenzportfolio" genannt. Aber auch hier betonen die Autoren, dass eine verbindliche Klassifizierung von „Kernkompetenzen" zur Zeit aufgrund unzureichender Forschung auf diesem Gebiet nicht möglich ist.[133] Abschließend wird hierzu die Sichtweise vertreten, dass es zur genauen Bestimmung von Schlüsselqualifikation wohl immer auf die Anforderungen des konkreten Arbeitsbereiches ankommt.

Über die stärkere Fokussierung der Schlüsselqualifikationen hinaus lässt sich der Wandel der beruflichen Weiterbildung an einer stärkeren „Integration" der „Lernprozesse" in den „Arbeitsprozess", der Zunahme „selbstorganisierten" Lernens sowie am

---

[131] Vgl. WIFI-Oberösterreich Schlüsselqualifikationen. http.//www.ooe.wifi.at/news/schlussel.htm. 13.10.01. S. 1.

[132] Vgl. http://www.fh-koblenz.de/koblenz/semrs/asAS5.html. 13.10.01. S. 1 f.

[133] Vgl. Wirtschaftswoche. Was sind Kernkompetenzen und Schlüsselqualifikationen? http://wiwo.de/WirtschaftsWoche/WiWo_CDA/0,1702,14054,00.html. 13.10.01. S. 1 f.

zunehmenden Einbezug „multimedialer Angebote" festmachen. Dabei lassen sich die beiden zuletzt genannten Aspekte in den bereits erwähnten Konzepten der „Qualitätszirkel" und „Lernstatt" verwirklichen. Der Verwirklichung des selbstorganisierten Lernens in der Praxis aber stehen nach Ansicht der Autoren noch häufig unzureichende Freistellungsvereinbarungen gegenüber. Hier machen die Autoren den Vorschlag, eine „Stellvertreterregelung" zu schaffen, bei der auch Arbeitslose nach dem Prinzip einer „job-learn-rotation" die Möglichkeit haben, ihre „Reintegration" in den Arbeitsmarkt zu verbessern.[134] Nach Sauter können „Freistellungsregelungen" in „Qualifizierungstarifverträgen" und „Betriebsvereinbarungen" sowie in „Rationalisierungsschutzabkommen" getroffen werden.[135]

Vor dem Hintergrund des beschriebenen Wandels formulieren Baethge/Schiersmann eine Verlagerung der „Lehraufgaben" bzw. einen Rollenwechsel des Beraters. So wird sich künftig der Stellenwert der Vermittlung von „Wissen" zugunsten von „beratenden" und „lernunterstützenden" Aufgaben wandeln. Weiterhin wird die Bedeutung von Verfahren der „Bedarfsermittlung" durch Evaluation, das heißt durch „Qualitätssicherung", zunehmen. Auch die Organisation der betrieblichen Weiterbildung in „Großbetrieben" wird sich nach Ansicht der Autoren zunehmend von zentralen zu dezentralen Entscheidungsebenen verändern.[136] Bezüglich der Wandlungsprozesse wird eine letzte Einschätzung wiedergegeben:

> „Schließlich reduziert sich generell die Trennschärfe zwischen den Anteilen, die als innerbetriebliche und denjenigen, die als außerbetriebliche Weiterbildungsabteilungen einzustufen wären in dem Maße, in dem betriebliche Weiterbildungsabteilungen durch Prozesse des Out-Sourcing ausgegliedert werden und diese ausgegliederten Weiterbildungsabteilungen auch anderen Interessenten offen stehen.[137]

### 2.3.7. Exkurs: „Maßnahme zur Vorbereitung auf den Ruhestand"

Im Folgenden wird nun exemplarisch, als mögliches innerbetriebliches Weiterbildungsangebot, eine Maßnahme zur Vorbereitung auf den Ruhestand kurz skizziert. Ein solches Angebot könnte inhaltlich an das, wie erwähnt schwer zu operationalisierende, Schlüsselkompetenzentraining anknüpfen. So könnte die Zielsetzung dieser Maßnahme darin bestehen, die älteren Arbeitnehmer bei der aktiven Übernahme ihrer bevorstehenden neuen Rolle als Ruheständler zu unterstützen. Nachfolgend werden

---

[134] Vgl. Baethge; Schiersmann. 2000. S. 39 ff. / 49.
[135] Vgl. Sauter. 1997. S. 7 f.
[136] Vgl. Baethge; Schiersmann. 2000. S. 46 f.
[137] Baethge; Schiersmann. 2000. S. 48.

aus Praxisperspektive, das heißt aus der Sicht von Initiatoren, Argumente aufgeführt, die die Ausrichtung solcher Projekte beschreiben.

Niedermann geht hierbei von einem immer noch patriarchalisch vorherrschenden Rollenverständnis aus, wonach vor allem der Mann über „45 bis 50 Jahre" „außer Haus" erwerbstätig ist und der Frau primär die Haushaltsführung obliegt. Damit haben sich über lange Zeit eingefahrene Strukturen von Lebensgemeinschaften gebildet.[138] So stellt er fest:

> „Durch die Pensionierung werden von dem einen auf den anderen Tag neue Realitäten geschaffen. Durch unserer Kurse möchten wir innerhalb eines Zeitraums von fünf Jahren erreichen, dass die Menschen aktiv den weiteren Lebensweg planen und sich mit den Erwartungen auseinandersetzen, die sie mit der Pensionierung verbinden."[139]

Meiers schätzt die Situation älterer Arbeitnehmer wie folgt ein:

> „Der Übergang aus dem Erwerbsleben in den Ruhestand vollzieht sich für Arbeitnehmer von heute auf morgen. Damit sind negative Auswirkungen wie Einkommenseinbußen (vor allem für Frauen), Verlust der persönlichen Beziehungen (die der Arbeitsplatz vermittelt), Verlust von Aufgaben, etc. verbunden. Dies trifft vor allem auf die vom Strukturwandel betroffenen Regionen mit oft 50 jährigen „freigesetzten" Arbeitnehmern zu. Auf diese neue Lebenssituation muß Bildungsarbeit helfen vorzubereiten."[140]

Hinsichtlich der Konzeption dieser Maßnahmen beschreibt Niedermann einen Drei-Stufen-Plan, der vorsieht, durch Seminare in Tageskursform, die „fünf Jahre" vor der Pensionierung beginnen sollen, erste „Denkanstöße" zu geben. „Drei Jahre" vor der Pensionierung tritt die zweite Phase ein. Hier finden mehrere Kursnachmittage mit Themenschwerpunkten – etwa zur Sozialversicherung und zu Rechtsfragen – statt. In einem letzten Schritt, der „ein Jahr" vor der Pensionierung einsetzt, werden in diesen Kursen verschiedene „Seniorendienste" vorgestellt. Das kann in Kombination mit einem kulturellen Rahmenprogramm durchgeführt werden. Weiterhin kann gemeinsam eine Broschüre zur weiteren Orientierung erstellt werden.[141] Abschließend wird die Motivation der Unternehmer bzw. der Firmen, die solche Maßnahmen unterstützen, wie folgt definiert:

---

[138] Vgl. Niedermann, Peter: Vorbereitung auf die Pensionierung – Erwachsenenbildung im Unternehmen durch den Sozialdienst. In: Sozialarbeit. Heft 12. 1992. S. 23.

[139] Niedermann. 1992. S. 23.

[140] Meiers, Josef: Die Entdeckung der Alten und der Altenbildung. Entwicklung eines Altenbildungskonzeptes. Einsichten 1994. Jahresbericht des Oswald-von-Nell-Breuning-Haus, Herzogenrath. S. 42.

[141] Vgl. Niedermann. 1992. S. 22.

„Sie ist daran interessiert, dass der/die MitarbeiterIn eine positive Einstellung zur bevorstehenden Pensionierung hat. Er/Sie wird dann eher bereit sein, einen/eine Nachfolgerin
gut einzuarbeiten oder aktiv mit Vorschlägen an der Veränderung des Arbeitsplatzes mit-
zuarbeiten. Die Firma dankt mit den Kursen dem/der MitarbeiterIn auch für seine/ihre ge-
leistete Arbeit und zeigt ihm/ihr, dass die Zeit nach der Berufstätigkeit wichtig ist."[142]

## 2.4. Wer profitiert von der Betrieblichen Sozialarbeit?

Bei der Frage nach dem Profit, das heißt dem Nutzen der BSA für die beteiligten betrieblichen Akteure, muss nach folgender Definition auch die Frage nach der institutionellen Eingebundenheit der BSA gestellt werden:

> „Die organisatorische Anbindung hat einen maßgeblichen Einfluss darauf, ob die Sozi-
> alarbeit im Betrieb nur der verlängerte Arm der Geschäftsführung ist oder ob sie sich zu
> einem fachlich anerkannten Partner entwickeln kann, der Veränderungen einfordern, in-
> itiieren und damit einen bedeutenden Einfluss auf die soziale Atmosphäre im Betrieb
> hat."[143]

Nach Meier kann so die BSA grundsätzlich „als Leitstelle" in das vertikale betriebliche „Weisungs- und Entscheidungssystem" oder als „Stabsstelle" mit vor allem be-
ratender Funktion eingebunden sein.[144] Nach Freytag lassen sich unterschiedliche innerbetriebliche Zuordnungen der SA/SP bzw. der BSA zu anderen Stellen im Betrieb
darstellen:

➢ „ (...) disziplinarisch und fachlich zur Personalabteilung
➢ disziplinarisch und fachlich zur Sozialabteilung
➢ disziplinarisch und fachlich zum Werksärztlichen Dienst"[145]

Die organisatorischen Überlegungen müssen angestellt werden, da je nach Einbindung der BSA in den Betrieb unterschiedliche Interessenkonflikte wirksam werden,
die eine effektive Arbeit der BSA und damit den Nutzen einzelner Akteure tangieren.
Nachfolgend soll der mögliche Nutzen für eine Auswahl von betrieblichen Akteuren
skizziert werden.

---

[142] Niedermann. 1992. S. 22.
[143] Meier. 2001. S. 29.
[144] Vgl. Meier. 2001. S. 27 f.
[145] Freytag, Jürgen: Schweigepflicht in der betrieblichen Sozialarbeit im Verhältnis zum Direktionsrecht des Arbeitgebers. In: Suchtgefahren. 36. Jahrgang. Heft 4. S. 287.

## 2.4.1. Der Arbeitnehmer

Der potentielle Nutzen, den der Arbeitnehmer aus der Implementierung der BSA schöpfen kann, lässt sich in drei Ebenen einteilen:

➢ Nutzen in Krisensituationen

➢ Nutzen der Prävention

➢ Nutzen hinsichtlich der persönlichen Weiterentwicklung

Unabhängig von Ursache und Art der individuellen Problemlagen und unabhängig, ob sich persönliche Krisensituationen in somatischen, psychischen oder psychosomatischen Symptomen äußern, erscheint eine innerbetriebliche Beratungseinrichtung sinnvoll.

Verstanden als erste Anlaufstelle in einem Umfeld, in dem der Arbeitnehmer einen Großteil seiner Lebenszeit verbringt, kann sie Betroffenen durch ein zunächst niederschwellig angesetztes Beratungsangebot bei einer ersten Klärung der Situation behilflich sein. Darüber hinaus kann der Arbeitnehmer bei einer multiprofessionellen Ausrichtung der BSA mit einer adäquaten Weitervermittlung an Experten rechnen, wenn sein Problem im betrieblichen Kontext nicht gelöst werden kann. Durch eine präventive bzw. prophylaktische Ausrichtung der BSA kann der Arbeitnehmer aktiv drohenden Beeinträchtigungen der Lebensqualität, wie sie zum Beispiel chronisch physische und psychische Krankheiten mit sich bringen, verhindern. So heißt es an anderer Stelle: „Nicht zu unterschätzen ist die prophylaktische Wirkung der Sozialberatung (zum Beispiel Informationen über soziale Fragen, Vorbeugeprogramme usw.)."[146]

Nach Andresen wird durch ein gutes Arbeitsklima die Motivation der Arbeitnehmer gefördert, weil der Einzelne seine „Persönlichkeit" in die Arbeit einbringen kann und sich somit eine Identifikation mit der zu leistenden Arbeit einstellt.[147] Nach Stoll kann das Arbeitsklima, das heißt die Verbesserung der „kollegialen Zusammenarbeit", maßgeblich durch die Stärkung des „Wir-Gefühls" optimiert werden. Darüber hinaus dient eine präventiv tätige BSA langfristig der „Sicherung" und dem „Erhalt"

---

[146] Ritschard, Max: Wir brauchen Spezialistinnen und Spezialisten! Betriebliche Sozialberatung aus Sicht des Unternehmens. In: Sozialarbeit. Heft 12. 1992. S. 16.

[147] Vgl. Andresen, Boy-Jürgen: Funktionen und Perspektiven betrieblicher Sozialpolitik aus Sicht der Praxis. In: Schmähl, Winfried (Hrsg.): Betriebliche Sozial und Personalpolitik. Neue Herausforderungen durch veränderte Rahmenbedingungen. Frankfurt am Main; New York. 1999. S. 45.

des Arbeitsplatzes, so Stoll weiter.[148] Durch die in 2.3.5. und 2.3.6. erläuterten Methoden der Teamentwicklung bzw. beruflichen Weiterbildung kann hier die BSA Entwicklungsanstöße geben.

## 2.4.2. Der Betriebsrat bzw. Personalrat

In der Literatur wird durchweg die herausragende Position des Betriebs- bzw. des Personalrates innerhalb des Betriebes bzw. innerhalb der Unternehmen betont. Auch Meier benennt diese Position als „einflussreichste Instanz betrieblicher Sozialpolitik."[149] So stehen den Betriebs- bzw. Personalräten durch das „BetrVG" bzw. das „Pers VG" weitreichende „Kontroll- und Überwachungsfunktionen", „Initiativ- und Mitbestimmungsrechte" – bis hin zum „besonderen Kündigungsrecht" – zur Verfügung. Weiter zählen nach Meier zu den Aufgaben des Betriebsrates die „juristische Beratung" und „rechtliche Vertretung" von „Arbeitnehmerinteressen" hinsichtlich „sozialversicherungspflichtiger" Angelegenheiten.

In diesem Zusammenhang kann es zu einer Überschneidung von Aufgabenbereichen von SA/SP und dem Betriebs- bzw. Personalrat kommen, in der sich im günstigsten Fall die Kompetenzen beider Positionen zum Wohl der Mitarbeiter ergänzen. Im schlechtesten Fall können durch mangelnde Absprachen und unklare Stellen- bzw. Aufgabenbeschreibungen Konflikte entstehen, die unter Umständen längere Zeit latent wirken und so einer effektiven Zusammenarbeit entgegenwirken. Betriebsvereinbarungen, Aufgabenschreibungen oder Dienstanweisungen können auch hier nützlich sein, um Kompetenzbereiche schriftlich zu fixieren, und um so möglichen Interessenkonflikten entgegenzuwirken.[150] Bei einer guten Kooperationsbereitschaft bzw. Kooperationsfähigkeit zwischen beiden Stellen ist ein konkreter Nutzen für den Betriebsrat eine Entlastung seiner Aufgaben durch die Vertreter der BSA zu erwarten.

Auch die Übernahme anderer Aufgaben durch die BSA – wie den Kontakt zu „Kitas" herzustellen, in Angelegenheiten des „KJHG" zu beraten, „Nachhilfe" für Auszubildende durchzuführen, die Rückkehr von „Unfall Behinderten" vorzubereiten – wurde vom zuständigen Betriebsrat als Entlastung empfunden.[151]

---

[148] Vgl. Stoll Bettina: Betriebliche Sozialarbeit. Aufgaben; Bedeutung; praktische Umsetzung. Regensburg; Berlin. 2001. S. 169.

[149] Meier. 2001. S. 42.

[150] Vgl. Meier. 2001. S. 42 - 47.

[151] Vgl. Werber, Herta: Eine Idee von Sozialarbeit. Dargestellt am Projekt: Dienstleistungszentrum für Arbeitslose und Betriebsangehörige (DILAB e.V.) In: Soziale Arbeit. Heft 6/7. 37. Jahrgang. 1988. S. 223.

## 2.4.3. Der Unternehmer

Den Nutzen die der bzw. die Unternehmer aus der Implementierung der BSA im Betrieb ziehen können, wird in der Literatur häufig in der folgenden Weise dargestellt:

> „Problembeladene MitarbeiterInnen erbringen weniger Leistung; deshalb hat der Betrieb ein Interesse, sie in ihren Schwierigkeiten zu unterstützen. Es ist auch eine Hilfe und Entlastung für die Vorgesetzten (vor allem bei anspruchsvolleren Problemstellungen."[152]

An anderer Stelle wird argumentiert, dass die BSA den Arbeitgeber vor allem bei der Wahrnehmung seiner ihm obliegenden gesetzlichen „Fürsorgepflicht" unterstützt. So bestehen die „Arbeitsgerichte" in der „Rechtsprechungspraxis", beispielsweise bei Streitfällen, häufig auf einer „Dokumentation" der „wahrgenommenen Fürsorgepflicht" des Arbeitgebers.[153] Hier kann die BSA maßgebliche Unterstützung bei der inhaltlichen Ausgestaltung sowie bei der Dokumentation der betrieblichen Fürsorgepflicht leisten.

Wie schon für die Bereiche Sucht- und Mobbingberatung dargestellt, können direkte Einsparungen bei den Lohnnebenkosten durch die Senkung des Krankenstandes oder der Reduktion von Fehlzeiten Folge der BSA sein. Durch die Senkung der Fluktuation von Mitarbeitern sowie von Ausschuß bzw. „Betriebsmittelzerstörung" können indirekte, also schwerer zu bestimmende, Kosten vermieden werden. Unter Kosten der Fluktuation werden hier unter anderem Aufwendungen verstanden, die sich aus dem Bereitstellen und Einarbeiten von Vertretungen ergeben.

Stoll subsumiert nach Befragungen von Führungskräften unter der Bezeichnung, „ökonomischer" und „qualitativer" bzw. „indirekter" Nutzen der BSA unter anderem folgenden Nutzen für die Unternehmen: Durch eine „verbesserte Kommunikation" ist eine „bessere Konflikterkennung und -lösung" zu erwarten. Die dadurch erreichte höhere Zufriedenheit der Arbeitnehmer kann die „Veränderungsbereitschaft" der Beteiligten fördern, was wiederum höhere „Produktivität" sowie bessere „Arbeitsergebnisse und -qualität" zur Folge hat.[154] Weiterhin nimmt Stoll eine Differenzierung bezüglich der Fehlzeiten in zwei Arten vor:

> ➢ „Abwesenheit durch Krankheit im biologischen Verständnis, physischer und psychischer Art

---

[152] Ritschard. 1992. S. 15.
[153] Vgl. Werber. 1988. S. 224.
[154] Vgl. Stoll. 2001. S. 166 - 170.

➢ Absentismus als Abwesenheit aufgrund besonderer Einstellungen und Motivatio-
nen, abhängig von der Arbeitssituation und/oder Lebenssituation, verursacht z.B.
durch Konflikte, destruktives Führungsverhalten u. Ä."[155]

Die folgende Sichtweise unterstützt die positiven Auswirkungen, die die BSA für die
Arbeitgeber haben kann:

„Personalkostenreduzierung als Ergebnis sozialarbeiterischer Aktivitäten ist unbestreitbar
eine legitime, der betrieblichen Wirtschaftlichkeitslogik zugehörende Erwartung des Arbeitgebers."[156]

An dieser Stelle muss aber auch auf die Gefahr einer Mittel zum Zweck-Orientierung
als Intention für die Einrichtung einer BSA hingewiesen werden, die so verstanden
ihren Nutzen für die Mitarbeiter und damit auch den Nutzen der Unternehmensfüh-
rung verringert. Die Problematik wird dabei wie folgt beschrieben:

„Wird die Sozialarbeit im Betrieb per Arbeitsauftrag auf das Ziel Personalkosteneinspa-
rung durch Beratung bei individuellen sozialen Problemen eingeschränkt – z.B. Senkung
der sucht- und krankheitsbedingten Ausfallzeiten etc. – wird sie instrumentalisiert zu Gunsten der Arbeitgeber Interessen. Betriebssozialarbeiter, die diesen Erwartungen kein eige-
nes Tätigkeits- und Handlungsprofil entgegensetzen, lassen sich zum bloßen „Erfüllungs-
gehilfen" der Geschäftsleitung degradieren."[157]

So besteht nach Meier die Gefahr, dass bei dieser einseitigen inhaltlichen Auslegung
von BSA, das heißt die Fokussierung auf psychosoziale Einzelhilfe bei intendierter
maximaler Profitsteigerung der Unternehmer, dass Vertrauensverhältnis der BSA zu
den Mitarbeitern gestört werden kann. Meier begründet diese Feststellung damit, dass
die Mitarbeiter eine solch verstandene BSA, wie bereits erwähnt, als „verlängerten
Arm der Geschäftsleitung"[158] interpretieren, womit sie „unterschwellige" Kontrolle
verbinden. Unter diesen Umständen wird beiden Seiten eine vertrauensvolle, vorbe-
haltlos helfende Beziehungsaufnahme und Problembearbeitung erschwert.[159]
Um eine effektive Arbeit betrieblicher Sozialdienste zu gewährleisten, müssen gerade
im Hinblick auf die organisatorische Einbindung der BSA möglichst gute Voraussetzungen geschaffen werden. Diesbezüglich schlägt Meier, im Falle einer innerbetrieblich institutionalisierten BSA, folgendes Modell vor:

---

[155] Stoll. 2001. S. 175.
[156] Meier. 2001. S. 38.
[157] Meier. 2001. S. 37.
[158] Meier. 2001. S. 37.
[159] Vgl. Meier. 2001. S. 37 f.

„Erfolgt also die Einrichtung und Integration der Sozialberatung in das Unternehmen, ihre strukturelle Verortung als Stabsstelle der Geschäftsleitung sowie die Auftragserklärung unter der maßgeblichen Beteiligung der betrieblichen Funktionsträger, so stellt dies m.E. ein tragfähiges Fundament für eine authentische, weitgehend nicht fremdbestimmte Betriebssozialarbeit dar. Auf diese Weise können die unbestimmten Erwartungen der Geschäftsleitung mit sorgfältig und präzise umschriebenen Arbeitsinhalten und Zielsetzungen ausgefüllt werden. Unter diesen Bedingungen ist eine kooperative, partnerschaftliche Zusammenarbeit mit der Geschäftsleitung durchaus realisierbar.“[160]

Um den Nutzen für den Unternehmer darzustellen, war es hier notwendig, auch auf das Selbstverständnis und damit auf ein Aspekt des Bedingungsgefüges einer effektiven BSA einzugehen. Unter diesen Voraussetzungen lässt sich der Nutzen für den Unternehmer wie folgt zusammenfassen: „Die soziale Machtposition des einen kann nutzbringend für das Unternehmen mit der sozialwissenschaftlichen Qualifikation des anderen ergänzt werden.“[161]

## 2.5. Zwischenfazit

Im Rahmen dieses ersten Hauptteils der Studie konnte lediglich ein exemplarischer Einblick in die verschiedensten Tätigkeitsbereiche der BSA gegeben werden. Dabei wird hier ausdrücklich kein Anspruch auf Vollständigkeit oder auf Richtigkeit der gewählten Einteilung und Reihenfolge der Tätigkeitsbereiche erhoben. Beabsichtigt war, einen Querschnitt von möglichen Problemlagen, die das Umfeld von Beschäftigungsverhältnissen in der Erwerbsarbeit prägen können, darzustellen und die für sinnvoll und notwendig gehaltene Reaktion des „Instruments“ BSA auf diese Problembereiche aufzuzeigen.

Durch die Darstellung der Tätigkeitsbereiche bzw. der betriebsinternen Problemfelder, wie Sucht- bzw. Mobbingberatung, aber auch der Teamentwicklung und der beruflichen Weiterbildung, sollte eine mögliche Polarisation bzw. Einteilung in die Ebenen der Krisenintervention und der Präventionsmöglichkeiten aufgezeigt werden. Dabei sind beide Ebenen in der BSA als gleichwertig anzusehen. Es ist allerdings wichtig, dass die Frage- bzw. Problemstellungen, auf die sie reagieren soll, von der BSA nicht als monokausal – das heißt von einer Ursache ausgehend – betrachtet werden. Es wird also hier von einer ganzheitlichen bzw. systemischen Perspektive ausgegangen.

---

[160] Meier. 2001. S. 39.
[161] Meier. 2001. S. 41.

Aus dieser Sichtweise resultiert die Forderung, dass die BSA sich nicht nur auf die Arbeit mit einzelnen oder auf die Konzentration von Auffälligkeiten beschränken darf. Auch Stoll sieht für die Zukunft der BSA weiterhin eine Verlagerung von der Arbeit mit einzelnen „Sozialfällen" zu der Arbeit im Bereich der „sozialen Beziehungen" in Unternehmungen. So ergeben sich neue Aufgaben der BSA, die nach Stoll primär der „Personalentwicklung" zugeordnet werden.[162] Stoll definiert diese Aufgaben wie folgt:

> „Diese für die Sozialbearbeiterinnen neuen Aufgaben, bei denen über die klassische Sozialberatung hinaus zusätzliche sozialpädagogische Erkenntnisse eingebracht werden können, werden im folgenden definiert als: Coaching (Führungsberatung), Teamentwicklung, Gruppenmoderationen, Klimagruppen, Moderation von Konfliktgesprächen, Kommunikationstraining, Moderation von Führungsgesprächen.[163]

Der im Rahmen der Sozialen Arbeit zur Zeit fast inflationär verwendete Begriff der „ganzheitlichen"/„systemischen Arbeitsweise" soll folgend anhand eines Beispieles mit Inhalt gefüllt werden. Hier wird exemplarisch ausgehend von „einer" wahrgenommenen Fehlfunktion im System Betrieb ein ganzes Maßnahmenprogramm entworfen:

> „Als Fachkraft für soziale Belange, Kommunikation und Gesundheit kann betriebliche Sozialberatung aktiv, kompetent und vielseitig coachen und begleiten. Ihre Tätigkeit als solche, kann als Maßnahme angesehen werden, die sich Fehlzeiten senkend auswirkt. Im einzelnen zählen folgende Aufgaben zu diesem Bereich:

> ➢ Beratung der Mitarbeiterinnen und Mitarbeiter bei Fragestellungen im beruflichen, familiären, persönlichen, gesundheitlichen, finanziellen und Suchtbereich;

> ➢ Zusammenarbeit und Vermittlung an interne und externe Institutionen;

> ➢ Schulung und Beratung von Vorgesetzten und Mitarbeitern in unterschiedlichen Bereichen (Gesprächsführung, Teambildung, Motivation, Alkoholprävention, Gesundheitsförderung usw.);

> ➢ Organisation von Gesundheitskursen und Informationsveranstaltungen (Sucht, Gesundheit, Stressvermeidung usw.);

> ➢ Mitarbeit beziehungsweise Moderation in den Arbeitskreisen Gesundheit und Sucht."[164]

---

[162] Vgl. Stoll. 2001. S. 210 f. / 119.
[163] Stoll. 2001. S. 119.
[164] Steinmetz, Susanne: Fehlzeitenreduzierung. In: Jente, Charlotte; Judis, Frank; Meier, Ralf; Steinmetz, Susanne; Wagner, Stephan F. (Hrsg.): Betriebliche Sozialarbeit. Freiburg im Breisgau. 2001b. S. 127.

Die Identifikation des Mitarbeiters mit seiner Arbeit ist also eine wichtige Motivation für die Verrichtung einer Arbeit. Dabei sollte in diesem ersten Teil der Untersuchung deutlich geworden sein, dass der Sinn bzw. der Grad der Identifikation mit der Arbeit nicht nur von der Art der zu verrichtenden Tätigkeit und ihrer Entlohnung abhängig ist. Wie vorstehend aufgeführt, können persönliche, familiäre, zwischenmenschliche sowie organisatorische Einflußgrössen die Identifikation des Betroffenen mit seiner Arbeit behindern. Betriebliche Sozialarbeit hat somit die Aufgabe – nach dem Prinzip der „Hilfe zur Selbsthilfe" – den Mitarbeitern durch vielfältige Maßnahmen mögliche Perspektiven aufzuzeigen und Anregungen zur selbstbestimmten Auseinandersetzung mit Problemlagen zu geben.

In diesem ersten Teil der Studie sollte ein grundlegender theoretischer Überblick in Kombination mit Praxisbeispielen zu dem komplexen Tätigkeitsbereich der BSA gegeben werden. Auch der inhaltliche Wandel der Tätigkeitsbereiche sollte hier dargestellt werden. Auf diesem Hintergrund ist für den zweiten Hauptteil ein Transfer der im ersten Teil referierten innerbetrieblichen Inhalte und Strukturen der BSA für die Implementierung eines externen Angebotes von Betrieblicher Sozialarbeit intendiert.

Bei der konzeptionellen Ausarbeitung der Idee zur MBSA liegt jedoch nicht der Anspruch zugrunde, eine fertige Konzeption für eine extern betriebene Sozialberatung auszuarbeiten. Hier können lediglich grundlegende Überlegungen angestellt werden, die in späteren Schritten mit Inhalt zu füllen sind.

**Teil II**

# 3. Konzeptentwicklung

Der nun folgende Teil der Konzeptentwicklung unterteilt sich wiederum in vier Hauptteile. Ausgehend von einem theoretischen Verständnis zur Konzeptentwicklung sollen zunächst inhaltliche Aspekte der Konzeptidee erarbeitet werden. Daran anschließend sollen die notwendigen strukturellen Voraussetzungen zur Implementierung der MBSA entwickelt werden. Die Einschätzung der Realisierungschancen der MBSA schließt diesen Punkt ab.

## 3.1. Theorie zur Konzeptentwicklung

Das Fremdwörterlexikon definiert den Begriff Konzept als „Entwurf, Plan, Idee für ein künstlerisches Werk."[165] Ausgehend von dieser ersten Definition heißt es bei Graf: „(...) Konzepte und (...) Konzeptionen sind folglich ‚Ent-würfe' das heißt geistige ‚Würfe' in die Zukunft hinein, gedankliche Vorwegnahmen zukünftiger Zustände. Sie haben insofern Gemeinsamkeiten mit einer ‚Vision' einerseits und einem Plan andererseits."[166]

Dabei unterscheiden sich Konzepte von Visionen durch ihren stärkeren Realitätsbezug, sowie durch ihre handlungsorientiertere „Zielvorstellung" über Mittel und Wege zur Zielerreichung. Im Unterschied zu Plänen sind Konzepte unbestimmt und bedürfen der Konkretisierung in späteren Phasen. Nach Graf umfasst die Konzeptentwicklung den „Prozeß", das heißt das „Verfahren" zur Erstellung einer Konzeption bzw. eines Konzeptes.[167]

Differenzierend nimmt Graf eine Einteilung in verschiedene Konzeptarten vor. Im Rahmen dieser Arbeit soll es dabei um einen Entwurf für ein neues Vorhaben gehen, das im Rahmen einer bestehenden „Trägerorganisation" weiterentwickelt werden soll, um so deren Tätigkeitsbereich auszuweiten.[168] Graf beschreibt an anderer Stelle diese Konzeptart „als Innovationsprogramm sozialer Arbeit."[169]

Wenn auch die Termini „Konzeption" und „Konzept" weitgehend synonym verwendet werden, so ist nach Graf in diesem Fall von einem „Konzept" zu sprechen, das bezüglich der Vorstellungen über Ziele, Wege und Mittel weniger verbindlich einzu-

---

[165] Deutsches Wörterbuch. Fremdwörterlexikon. Vaduz, Liechtenstein. 1984. S. 463.
[166] Graf, Pedro: Konzeptentwicklung. Alling. 1995. S. 14.
[167] Vgl. Graf. 1995. S. 14 f. / 16.
[168] Vgl. Graf. 1995. S. 15.

stufen ist als eine Konzeption und somit einer weiteren Konkretisierung bedarf. Die Funktion dieser Art von Konzept liegt nach Graf vor allem darin, eine „Diskussions- und Entscheidungsgrundlage" für die zuständigen Entscheidungsträger von Organisationen sowie die Grundlage für erforderliche „Zuschußanträge" zu schaffen. [170]

Darüber hinaus betont Graf die Wichtigkeit einer „klaren Zielformulierung", bei der die Benennung von „Maßnahmezielen" sowie die Überprüfung von realisierten „Leistungszielen" im Mittelpunkt steht. Graf teilt die Konzeptentwicklung in die Phasen „Vorbereitung", „Entwicklung", „Umsetzung" und „Kontrolle" ein. Die Phase der „Entwicklung" wird dabei weiter in die „Informationssammlung" und „Situationsanalyse", in die „Zielbestimmung" sowie in die „redaktionelle Erarbeitung" unterteilt. [171] Somit beschäftigt sich die nachstehende Konzeptentwicklung schwerpunktmäßig mit den drei vorstehend genannten Entwicklungsaspekten.

Graf entwirft eine „Check-Liste", deren Aspekte bei der Konzeptentwicklung zu beachten sind. Diese Aspekte lassen sich in 9 „W-Fragen" darstellen, die wiederum zusammenfassend in die „konzeptionellen Inhalte" sowie in die „organisatorischen Voraussetzungen" eingeteilt werden können. Folgende Einteilung wird vorgenommen:

**Konzeptionell:**

➢ „Wer"           ist der Träger der Konzeptentwicklung?

➢ „Warum"        das heißt, von welcher Situation ausgehend soll etwas getan werden?

➢ „Für wen"      das heißt für welche Zielgruppe soll etwas getan werden?

➢ „Wozu"         soll etwas getan werden, was ist das Ziel?

➢ „Was"          soll getan werden, was soll angeboten werden?

➢ „Wie"          soll etwas angeboten werden, mit welcher Vorgehensweise?


**Organisatorisch:**

➢ „Wo"           soll diese Maßnahme stattfinden?

➢ „Durch wen"    das heißt mit welchem Personalbedarf ist zu rechnen?

➢ „Womit",       mit welchen Sach- und Finanzmitteln soll gearbeitet werden? [172]

---

[169] Graf. 1995. S. 89.
[170] Vgl. Graf. 1995. S. 89 - 98.
[171] Vgl. Graf. 1995. S. 27 - 57.
[172] Vgl. Graf. 1995. S. 83 - 90.

Diese Überlegungen zur Konzeptentwicklung entsprechen weitestgehend der Gliederung des zweiten Hauptteiles dieser Arbeit. Sie sollen nachstehend mit Inhalt gefüllt werden.

### 3.2. Inhaltlicher Rahmen der Konzeptidee zur Mobilen Betrieblichen Sozialarbeit

Bei der Frage nach dem „Wer", das heißt dem Anbieter und Träger der MBSA ist hier an eine gemeinnützige Unternehmensform im Sinne einer „Non-Profit-Organisation" gedacht. Als Trägereinrichtungen zur Umsetzung und inhaltlichen Ausgestaltung einer externen betrieblichen Sozialberatung sind auch wohlfahrtsstaatliche bzw. karitative Trägereinrichtungen vorstellbar. Diese Unternehmens- bzw. Trägerform wird vor allem hinsichtlich ihrer personellen und professionellen Ausstattung gewählt, die sich vornehmlich aus SA/SP bzw. aus Diplompädagogen zusammensetzt und so mit wichtigen fachlichen Kompetenzen aufwarten kann. Wie schon in 2.5. für den Bereich der innerbetrieblichen BSA postuliert, wird hierbei von folgendem Verständnis ausgegangen:

> „Auf diesem Weg könnte die Sozialarbeit mit ihren spezifischen Kompetenzen im Bereich von Wertfragen, Kommunikation, Motivation und Identität eine neue Bedeutung auch für die Gestaltung des modernen Betriebes bekommen."[173]

Nicht zuletzt dürfte sich diese Unternehmensform günstig auf die Möglichkeiten der Finanzierung auswirken, da staatlich anerkannte Wohlfahrtsverbände unter gewissen Voraussetzungen Zuschüsse unter anderem aus Mitteln des Bundes oder der Länder erwarten können.

Die Frage nach dem „Warum" bzw. dem „Wozu" einer solchen Konzeption wurde mit der Darstellung der Arbeitsbereiche der BSA und ihres Nutzens für alle Beteiligten schon teilweise beantwortet. Speziell für den Bereich externer Sozialberatung sind jedoch noch Fragen offen. Nach Meier hat der zunehmende Wettbewerbs- bzw. Konkurrenzkampf der Unternehmen als Folge der Globalisierung in den letzten Jahren erheblich zugenommen. Aus diesem Druck heraus steht bei den Unternehmen die Stärkung von „Wettbewerbsvorteilen" im Mittelpunkt der Unternehmenspolitik bzw. -philosophie. Solche Wettbewerbsvorteile können z.B die ständige Optimierung der Fertigung, neue Formen der Qualitätssicherung oder qualifizierte Personalentwicklung bieten. Hintergrund dieser Überlegungen sind Kosteneinsparungen, durch die immer häufiger Unternehmensbereiche ausgelagert (outgesourct) werden. Dies fördert nach Meier gleichfalls den „Trend" zur externen betrieblichen Sozialberatung.[174] Die Frage nach dem „Warum" bzw. dem „Wozu" dieser Konzeption konnte auch in diesem Punkt nicht erschöpfend beantwortet werden. Ihre Beantwortung wird sich aus der Bearbeitung der folgenden Punkte ergeben.

### 3.2.1. Mögliche Vor- und Nachteile einer externen Betrieblichen Sozialarbeit

Die Konzeptentwicklung in diesem Teil der Arbeit verlangt eine differenziertere Betrachtung der Vor- und Nachteile einer externen betrieblichen Sozialberatung, die in diesem Kapitel angestellt wird. Die Vorteile einer externen Beratung lassen sich wie folgt zusammenfassen:

➢ Mit einem auf das Unternehmen inhaltlich abgestimmten Beratungsangebot ist der Zeitaufwand für Interventionen gut kalkulierbar.

➢ Aufgrund ihrer inhaltlichen „Flexibilität" kann die externe betriebliche Sozialberatung auf unterschiedliche „Anforderungen" reagieren.

➢ Der „potentielle" Auftraggeber profitiert durch ein „betriebsspezifisches Leistungsangebot", womit eine konkretere Kalkulation der zu erwartenden Kosten möglich ist. Den so „pauschalisiert" angebotenen Dienstleistungen sind keine „Folgekosten" anhängig, wodurch eine exakte „Bilanzierung" im Vergleich zu innerbetrieblichen Sozialdiensten möglich wird.

➢ Der in 2.4. und 2.4.3. erwähnten Gefahr der „Beeinflussung" ist eine extern arbeitende Sozialberatung weniger ausgesetzt als eine betriebsintern angebundene BSA. Sie ist hier weniger durch innerbetriebliche Strukturen und Hierarchien in ihrer Einschätzung und damit in ihren „Handlungs- und Interventionsstrategien" beeinflusst.

➢ Auch ist es der externen Sozialberatung durch diese „Distanz" oder „überbetriebliche Position" möglich, innerbetriebliche „Interaktions- und Kommunikationsstrukturen" von einer anderen, „ganzheitlichen" Perspektive objektiver zu erfassen

---

[173] Blandow. 1993. S. 318.
[174] Vgl. Meier. 2001. S. 54 f.

und daraufhin zu intervenieren.[175] In diesem Zusammenhang heißt es bei Wagner, dass „externe Dienste" noch nicht „betriebsblind" sind.[176]

Meier fasst den wichtigsten Vorteil einer externen Beratung wie folgt zusammen:

> „Die Unabhängigkeit der Perspektive und der Interpretation des Beobachtenden, gekoppelt mit Erfahrungen aus anderen Unternehmen, kann in diesem Zusammenhang die Stärke und Überlegenheit einer externen Sozialberatung ausmachen."[177]

Die möglichen Nachteile bzw. Schwierigkeiten werden in folgenden Bereichen gesehen:

➢ Die mangelnde Einbindung in die Firmenkultur und die mangelnde „zeitliche Präsenz" wird als problematisch bezüglich der „Aufrechterhaltung" von Kontakten zu innerbetrieblichen „Funktionsträgern" gesehen.

➢ In diesem Zusammenhang benötigen Beratungstermine viel zeitlichen „Vorlauf", das heißt eine aufwendige und gut organisierte Planung ist notwendig. Auch Kriseninterventionen sind nach Meier aufgrund der mangelnden Anwesenheit der Berater schwer zu leisten.

➢ Einerseits ist anzunehmen, dass durch die Unabhängigkeit der externen Dienste eine Vertrauensbasis zu den Mitarbeitern rasch aufzubauen ist. Andererseits kann eine Vertrauensbildung durch die mangelnde Eingebundenheit der Berater in die informellen Strukturen des Unternehmens behindert werden.

➢ Meier betont hier die Gefahr, dass eine externe Beratung leichter auf die „individuelle Einzelfallhilfe" reduziert werden kann, womit „organisationsübergreifende", präventive Maßnahmen verhindert werden können. Der Einfluß auf „betriebsinterne Entscheidungen" wird als eher gering eingeschätzt.

➢ In der „Beliebigkeit" eine externe Dienstleistung in Anspruch zu nehmen, sieht Meier die Gefahr einer weiteren Verfestigung des „randständigen" Charakters der BSA.[178]

➢ Nach Wagner sind externe Beratungen in den meisten Fällen „parteiisch", da sie mit einem bestimmten Ziel in das Unternehmen gerufen werden.[179]

---

[175] Vgl. Meier. 2001. S. 55 ff.

[176] Vgl. Wagner, Stefan F.: Interne Position der Betrieblichen Sozialarbeit und Zusammenarbeit mit anderen Funktionsträgern. In: Jente, Charlotte; Judis, Frank; Meier, Ralf; Steinmetz, Susanne; Wagner, Stephan F. (Hrsg.): Betriebliche Sozialarbeit. Freiburg im Breisgau. 2001a. S. 85.

[177] Meier. 2001. S. 56 f.

[178] Vgl. Meier. 2001. S. 57 ff.

Abschließend resümiert Meier bezüglich der Abwägung von Vor- und Nachteilen einer externen betrieblichen Sozialberatung wie folgt: „Die Bandbreite kann dabei von der reinen Alibifunktion bis zu einer konstruktiv und verändernd wirkenden Betriebssozialarbeit reichen."[180] Die Schwierigkeiten, die bei der Implementierung der MBSA zu bedenken sind, lassen sich in Kategorien einteilen.

Die vorstehend aufgezählten möglichen Nachteile sprechen zum einen organisatorische Probleme an, die aus dem „Nicht-Eingebundensein" der externen Beratung in die innerbetriebliche Struktur resultieren können. Zum anderen werden inhaltliche Probleme, das heißt berufsethische bzw. fachliche Fragestellungen, wie der Prozeß der Vertrauensbildung und die Art der Intervention, angesprochen. Was die Organisation von Maßnahmen betrifft, so kann hier ein Großteil der zu erwartenden Schwierigkeiten bereits im Vorfeld durch eine adäquate Vertragsgestaltung und Auftragsklärung verhindert werden. Um möglichen Schwierigkeiten auf der inhaltlichen Ebene zu begegnen, ist es wichtig, zunächst als externe Sozialberatung bzw. als Berater das berufliche Selbstverständnis bewußt zu reflektieren und darauf aufbauend dieses Selbstverständnis gegenüber dem Auftraggeber und den Adressaten von Unterstützungsleistungen zu vertreten. Auch hier sind Vereinbarungen zu treffen, die in einem entsprechenden Vertrag aufgenommen werden müssen.

Eine andere Problematik betrifft die Auseinandersetzung mit der Frage, ob ein solches Angebot, wie eingangs erwähnt, quasi systemstabilisierend den sich abzeichnenden Tendenzen der Globalisierung Vorschub leistet. So könnte die Implementierung der MBSA als weitere Folge der Globalisierung und damit arbeitsmarktpolitisch als destruktiv gesehen werden. Um hier bereits einen Vorgriff auf den nächsten Punkt zu wagen, muss dem entgegengehalten werden, dass es sich bei der hier anvisierten Zielgruppe um klein- und mittelständische Unternehmen und ihre Einbindung in strukturschwache Wirtschafts- und Sozialräume handelt. Das heißt, dass diese Adressatengruppen bezüglich der BSA noch nicht mit sozialen Unterstützungsleistungen bedient wurden – obwohl auch hier sicherlich Bedarf besteht. Deshalb muss eher von einem erweiterten Arbeitsmarkt für Berater bzw. SA/SP gesprochen werden.

---

[179] Vgl. Wagner. 2001. S. 85.
[180] Meier. 2001. S. 59.

Das nachfolgende Zitat fasst die vorstehende Argumentation nochmals zusammen:

„Eine interne Vollzeitberatungsstelle ist aus Kostengründen nur für Betriebe mit mehr als zweieinhalbtausend Mitarbeiter realistisch und hat zum Nachteil, keine wirklich unabhängige Beratermeinung vertreten zu können."[181]

Ausgehend von der dargestellten Problematik sollen die Anforderungen und damit ein mögliches Konzept für die Einrichtung der MBSA entwickelt werden.

## 3.2.2. Zielgruppe

In diesem Punkt ist eine Differenzierung bezüglich der Zielgruppen nötig. Zunächst sind die Unternehmen bzw. die Firmen als Zielgruppe zu bezeichnen. Wie vorstehend erwähnt sollen die Leistungen der MBSA klein- und mittelständischen Unternehmen angeboten werden. Dabei werden in Anlehnung an Stoll die Unternehmen bzw. die Firmen als „Auftraggeber" oder „Kunden" bezeichnet. Die Teile der Belegschaft, die letztlich das Beratungs- oder Weiterbildungsangebot in Anspruch nehmen, werden als Adressaten bezeichnet.[182]

Wenn die Unternehmensleitung bzw. die Führungsebene direkt Leistungen in Form von Coaching oder Weiterbildung in Anspruch nimmt, trifft auch hier die Bezeichnung „Adressaten" zu. Weiterhin werden betriebsinterne Interessenvertretungen, wie zum Beispiel Betriebs- bzw. Personalrat, Vertrauensleute oder Suchtkrankenhelfer als Zielgruppe aufgefaßt. Als Auftraggeber sind Unternehmen des sekundären und des tertiären Sektors vorstellbar. Innerhalb des produzierenden Gewerbes könnten die Leistungen der MBSA sowohl von Handwerks- als auch von Industriebetrieben in Anspruch genommen werden. Für den Dienstleistungsbereich sind unter anderem Abteilungen von Behörden und Verwaltungen als Kunden der MBSA denkbar. Hinsichtlich der Branchen ist hier zunächst keine Einschränkung zu machen.

Außer den vorstehend bereits erwähnten betrieblichen Akteuren kommt unter den Mitarbeitern von Unternehmen besonders der folgende Personenkreis als Adressat der externen Sozialberatung in Frage, da die Position dieser Mitarbeiter sowohl gesellschaftlich als auch innerbetrieblich schwächer einzuschätzen ist:

➢ Auszubildende

➢ Frauen bzw. alleinerziehende Elternteile

---

[181] Spreter, Tobias; Wagner, Robert: Betriebliche Sozialberatung. Auf dem Weg zur externen und privaten Dienstleistung. In: Blätter der Wohlfahrtspflege. Heft 5/6. 145. Jahrgang. 1998. S. 115.

➢ Körper-, geistig- und psychisch behinderte Mitarbeiter

➢ Migranten und Spätaussiedler

➢ Ältere Arbeitnehmer bzw. Angestellte sowie Rentner und Pensionäre

Die Frage nach dem „Wozu", also der „Zielsetzung", von sozialen Unterstützungsangeboten fällt entsprechend den individuellen Anforderungen bzw. Problematiken der heterogenen Zielgruppe der BSA unterschiedlich aus. Dies wird in der Auflistung der vorstehend aufgeführten unterschiedlichen Adressatengruppen deutlich und konnte bereits in 2.4. ansatzweise dargestellt werden. Über die grundsätzliche sozialarbeiterische/sozialpädagogische Intention hinaus, ihrer Zielgruppe zur Selbstbestimmung und Emanzipation zu verhelfen, bedarf es insbesondere für das Aufgabengebiet der BSA einer Konkretisierung, die im folgenden Kapitel vorgenommen werden soll. So könnte die Zielgruppe bzw. der Adressatenkreis der MBSA je nach Intervention um den Einbezug der Angehörigen erweitert werden.

## 3.2.3. Angebot

In diesem Punkt wird das „Was" der Projektidee, das heißt eine mögliche Angebotspalette, vorgestellt. Ausgehend von der Annahme, dass Maßnahmen bezüglich ihres Inhaltes und ihrer Vermittlung von verschiedenen Einflußgrößen der durchführenden Trägerorganisation, Auftraggeber und Adressaten abhängig sind, wird nachstehend auf die Entwicklung eines Maßnahmeprogramms zu einer speziellen Problematik verzichtet. Stattdessen soll ein Überblick zu möglichen Angeboten gegeben werden, die für den konkreten Fall spezifiziert werden müssen. Hierbei werden beispielhaft Auszüge bereits implementierter betriebsinterner und -externer Beratungskonzepte angeführt.

In Anlehnung an die Konzeption der „Lufthansa-Sozialberatung" wird eine Unterscheidung in die drei Arbeitsebenen, „individuell – persönlich", „gruppenbezogen" und „organisationsbezogen" vorgenommen.[183] Dabei können insbesondere auch Leistungen für den in 3.2.2. genannten speziellen Personenkreis angeboten werden.

---

[182] Vgl. Stoll. 2001. S. 54 f.
[183] Vgl. Konzeption der Sozialberatung der Deutschen Lufthansa DLH. Stand 30.01.95. S. 3 f.

## 1. „individuell – persönlich"

➢ „Hilfestellung" zur „Bewältigung" von persönlichen bzw. familiären Krisensituationen der Mitarbeiter, zum Beispiel durch Durchführung einer Schuldnerberatung (s. 2.3.1).

➢ „psychosoziale" Beratung und „Betreuung" psychisch und physisch Kranker wie depressive, traumatisierte, krebskranke, HIV-positive und aids-kranke Personen sowie die Beratung und Hilfestellung bei Suchtproblemen (s. 2.3.2.).[184]

➢ „Individuelle" Beratung und Betreuung von „Auszubildenden und Praktikanten" bei Problemen mit Ausbildern, Vorgesetzten oder Berufsschule sowie Planung und Durchführung von Nachhilfeunterricht und „Prüfungsvorbereitung", zum Beispiel in Form sogenannter „Ausbildungsbegleitende Hilfen", sowie schriftliche Ausarbeitung bzw. Zusammenstellung von Adressen und Informationen zu speziellen Beratungsdiensten in Betriebsnähe.[185]

➢ Entwicklung „individueller Maßnahmen" zur „Vereinbarkeit" von Familie und Beruf, zum Beispiel „Vermittlung" von Kinderbetreuung, Beratungen bezüglich Erziehungsurlaub sowie Information über die Inanspruchnahme betrieblicher und staatlicher „Sozialleistungen" und die Durchführung einer Erziehungsberatung.[186]

➢ Stufenweise Wiedereingliederung nach langer Krankheit, Rechts- und Arbeitsplatzberatung für Schwerbehinderte.

➢ Konfliktberatung bzw. Krisenintervention (s. 2.3.3.).

➢ Beratung und Hilfe bei der Antragstellung zur Frühverrentung.


## 2. „gruppenbezogen"

➢ Gruppenschulungen für Auszubildende zur Suchtprophylaxe und Durchführung von freizeitpädagogischen Maßnahmen sowie Informationsveranstaltungen zu Konsumgewohnheiten, zum Beispiel für Berufsschulklassen eines Fachgebietes (s. 2.3.1.).

➢ Planung und Durchführung von Multiplikatorenschulungen, das heißt Fortbildungen, sowie Aufbau und Leitung von Selbsthilfegruppen zur Suchtproblematik (s. 2.3.2.).

---

[184] Vgl. Deutsche Lufthansa DLH. Stand 30.01.95. S. 3 f.

[185] Vgl. Werber. 1989. S. 19 f.

[186] Vgl. Hübner-Umbach, Margot; Tschambler-Mailänder, Hildegard: Die Praxis betrieblicher Sozialarbeit. Das Beispiel Bosch – Voraussetzungen für betriebliche Sozialarbeit bei Bosch heute. In: Blätter der Wohlfahrtspflege. Heft 5. 143. Jahrgang. 1996. S. 137.

70

➤ Planung und Durchführung von Informationsveranstaltungen bzw. Kursen zur Vorbereitung auf den Ruhestand (s. 2.3.7.).
➤ Planung und Durchführung von Sprachkursen für ausländische Mitarbeiter.
➤ Planung und Durchführung von Streßbewältigungsseminaren.

### 3. „organisationsbezogen"

➤ Mitwirkung bei dem Entwurf von Regelungen für den Wiedereinstieg nach der Familienphase oder anderer Regelungen, die in Betriebsvereinbarungen festgehalten werden können.
➤ Mitarbeit an dem Entwurf neuer Arbeitszeitmodelle.

Es dürfte deutlich geworden sein, dass Interventionen in Einzelfällen zu ein und derselben Thematik auch auf die Arbeit mit Gruppen und auf die Entwicklung von organisatorischen Voraussetzungen für Interventionen anwendbar sind. Insofern kann und darf hier keine absolute Trennung gezogen werden. Denn in der Arbeit mit Gruppen und der Mitarbeit an der Unternehmenspolitik lässt sich am ehesten der Anspruch der Prävention verwirklichen. Die nun folgend angeführte Tabelle bezieht sich vorrangig auf den Bereich der Team- bzw. Personalentwicklung, wo die gruppen- und organisationsbezogene Arbeit im Mittelpunkt stehen. Dabei werden einzelne Aspekte der erarbeiteten Tätigkeitsbereiche der BSA nochmals zusammengefasst.
Damit wird dem im ersten Teil der Arbeit dargestellten Wandel der BSA bezüglich ihres Aufgabengebietes Rechnung getragen:

| Die Unterstützung des Unternehmens durch die Sozialberatung bei der Umsetzung | | |
|---|---|---|
| **Leitsätze**<br>(Für die Kunden und KlientInnen der Sozialberatung) | **Ziele** | **Maßnahmen** |
| 1. Der Kunde bestimmt unser Handeln. | Unterstützung der Konzentration von MitarbeiterInnen und Führungskräften auf den Kunden | · Teamentwicklung<br>· Kommunikationstraining<br>· Qualitätszirkel<br>· Maßnahmen zur Begleitung von Veränderungsprozessen (zum Beispiel bei Umstrukturierungs- und Ausgliederungsmaßnahmen) |
| 2. Unsere Innovationen gestalten die Zukunft. | Positives, kreatives Arbeits- und Organisationsklima | · Vermittlung von Schlüsselqualifikationen<br>· Klimagruppen<br>· Gezielte Maßnahmen zum Aufbau von Eigenverantwortlichkeit und Selbstbewusstsein |
| 3. Erfolgreich wirtschaften heißt: Wir gewinnen durch Gewinn. | Optimierung der Zusammenarbeit, der Kommunikation und der Arbeitsprozesse, Ressourcenorientierung | · Umsetzung des lösungsorientierten Beratungsansatzes<br>· Case Management<br>· Begleitung von Veränderungsprozessen |
| 4. Spitzenleistungen erreichen wir durch exzellente Führung. | Unterstützung und Entlastung der Führungskräfte.<br>Sozial kompetente Führungskräfte<br>Reflektiertes<br>Führungsverhalten | · Coaching<br>· Moderation von Führungsgesprächen<br>· Teamentwicklung<br>· Kommunikationstraining (zum Beispiel Mitarbeiter-, Trennungsgespräche führen)<br>· Sensitivity-Training<br>· Konfliktberatung<br>· Vermittlung sozialer Kompetenz<br>· Themenbezogene Schulungen und Seminare |
| 5. Durch Lernen werden wir immer besser. | Qualifizierte MitarbeiterInnen und Führungskräfte mit Schlüsselqualifikationen | · Kommunikationstraining<br>· Konfliktberatung<br>· Themenbezogene Schulungen und Seminare |
| 6. Unsere Zusammenarbeit kennt keine Grenzen. | Effektive Gruppen- und Teamarbeit<br>Interkulturelle/-nationale Annäherung der Beschäftigten<br>Offenes Organisationsklima | · Round-Table-Gespräche<br>· Maßnahmen zur Integration und Reintegration von im Ausland arbeitenden MitarbeiterInnen und Führungskräften |
| 7. Wir tragen gesellschaftliche Verantwortung. | Aktive Umsetzung der sozialen Verantwortung des Unternehmens | · Mitwirkung bei konzeptioneller Arbeit (zum Beispiel AK Gesundheit, Betriebsvereinbarungen)<br>· Maßnahmen zur Reduzierung von Unsicherheiten und Ängsten bei gesellschaftlichen und wirtschaftlichen Veränderungsprozessen (zum Beispiel bei Umstrukturierungen und Ausgliederung) |

187

---

[187] Vgl. Stoll. 2001. S. 115 f.

Für die konkrete Ausgestaltung bzw. Darstellung des Angebotes der MBSA, könnte eine Einteilung in die vorstehend aufgelistete Matrix sinnvoll sein. Der Vorteil dieser Darstellungsweise liegt in ihrer Übersichtlichkeit. Weiterhin kann einer solchen Matrix die Ebene der Einzelfallintervention zugefügt werden. Abschließend ist anzumerken, dass die Auflistung der Interventionen hier nicht als abgeschlossen zu sehen ist. Aus Gründen der Übersichtlichkeit kann aber an dieser Stelle nur ein grundlegender Überblick aufgeführt werden. Eine Auswahl und Vertiefung des oben angeführten Aufgaben- bzw. Methodenspektrums wird in Kapitel 3.2.3. vorgestellt.

### 3.2.4. Auftragsakquisition

Beginnend mit diesem Punkt soll in den nachfolgenden Unterpunkten das „Wie", das heißt die Vorgehensweise zur Konzeptentwicklung der MBSA, weiter spezifiziert werden.

Die Akquisition von Aufträgen für die MBSA kann in zwei Ebenen aufgeteilt werden: Zum einen gilt es den potentiellen Auftraggeber für den Inhalt und damit für den Nutzen des Angebotes zu begeistern. Zum anderen ist zu überlegen, wie ein externer Anbieter sozialer Dienstleistungsangebote wirkungsvoll auf sich aufmerksam machen kann.

So ist zunächst eine Strategie zur Durchführung der Überzeugungsarbeit zu entwerfen. Wichtig ist, dass für alle eingesetzten Medien der Akquisition eine einheitliche Vorgehensweise bezüglich der Darstellung des Inhaltes vereinbart wird. Auf die verschiedenen Techniken der Akquisition wird noch eingegangen werden. Zunächst ist ein Name und später ein einheitliches Logo für ein externes Beratungsangebot zu entwerfen, dass neben dem Wiedererkennungswert auch ein bestimmtes Selbstverständnis des Anbieters transportiert. Auf das Modell der Mobilen Betrieblichen Sozialarbeit bezogen, ist beabsichtigt, dass der Kunde bzw. der Auftraggeber mit der Beschreibung „Mobil" positive Aspekte wie zum Beispiel aktiv, innovativ, zeitlich, inhaltlich und örtlich flexibel assoziiert. Ohne hier weiter einen konkreten Entwurf machen zu können, sollten die verwendeten Medien einheitlich folgende Punkte einer Rahmenkonzeption beinhalten:

➢ Kurze Einführung, zum Beispiel in Form von Leitgedanken
➢ Benennung der Ziele bzw. die Darstellung der Angebotspalette
➢ Kurze Darstellung der Arbeitsweise bzw. der Rahmenbedingungen

➢ Darstellung von Kosten und Nutzen inklusive Preisliste und Vertragsbedingungen

Entscheidend für eine Beauftragung dürfte sein, dass dem Kunden überzeugend dargelegt wird, dass die Kosten der Leistung gegenüber dem Nutzen des Angebotes gerechtfertigt sind.[188] Hierzu heißt es weiter: „Für den Kunden muss klar sein, welches Ergebnis Betriebliche Sozialarbeit erbringt."[189] Klein-Schneider konkretisiert diese Überlegung in folgender Weise:

> „Ein Wertschöpfungsbeitrag muss nicht nur erbracht, sondern auch von dem Kunden erkannt werden. Wertschöpfung ist keine objektive Größe, sondern eine ökonomische Kategorie: Ein Nutzen ist erst da wirklich, wenn er vom Kunden – intern oder extern – bezahlt wird."[190]

In diesem Zusammenhang ist es wichtig, bei der Präsentation gegenüber dem Auftraggeber die für ihn potentiellen Einsparungen, zum Beispiel an eingesparter Lohnfortzahlung, mit Zahlenbeispielen, das heißt Meßgrößen, sogenannten „Hardfacts", zu verdeutlichen. Dieser Aspekt wurde bereits in 2.4.3. dargestellt und muss im Zuge der konkreten Auftragsakquisition Berücksichtigung finden.

Ein weiterer wichtiger Aspekt der Kundenakquirierung ist eine fundierte Öffentlichkeitsarbeit. In der regionalen Presse und/oder Rundfunk könnten beispielsweise Anzeigen geschaltet werden. Es gilt hier die Neugier für ein Angebot zu wecken, bei der die Rahmenkonzeption sowie die Attraktivität für den Auftraggeber und die Adressaten kurz skizziert werden sollte. Begleitend muss Werbematerial, zum Beispiel in Form eines Konzeptpapiers, Informationsbroschüren oder Aufkleber, entworfen und in Umlauf gebracht werden. Dieses Werbematerial kann auch in Absprache mit überbetrieblichen Stellen, zum Beispiel bei Krankenkassen, Kammern und Innungen, ausgelegt werden. Auch können entsprechende Artikel in hausintern verlegten Zeitschriften der vorstehend genannten Institutionen werbewirksam veröffentlicht werden. Es ist ebenfalls denkbar, eine Homepage zu installieren um so über das Angebot der MBSA zu informieren. Zudem könnten einzelne Betriebe bzw. Unternehmen direkt angesprochen werden. Dies könnte „indirekt" über eine erste telefonische Kontaktaufnahme bis hin zur weiteren Terminvereinbarung erfolgen, oder aber „direkt" durch eine persönliche Vorstellung der bzw. des Berater/s bei den betrieblichen Ent-

---

[188] Vgl. Stoll. 2001. S. 155.
[189] Stoll. 2001 S. 155.
[190] Klein-Schneider, Hartmut: Zur Effizienz der betrieblichen Sozialarbeit. In: bbs-forum. Heft 2. 2. Jahrgang. 1995. S. 8.

scheidungsgremien. Dabei könnte die Telefonakquisition von einem eventuell bereits implementierten Callcenter innerhalb der Trägerorganisation der MBSA oder von einem externen Callcenter geleistet werden.

Weiterhin sollte ein Leitfaden zur Durchführung eines Bewerbungsgespräches beim Kunden entworfen werden, um eine gewisse Handlungssicherheit der bzw. des Berater/s zu gewährleisten. Dieser Leitfaden könnte Vorschläge zur möglichen Vorstellung und Argumentation des Angebotes beinhalten. Hilfreich könnte zudem das „Durchspielen" von möglichen Gespächsverläufen mit einer unterschiedlichen Anzahl von Akteuren aus unterschiedlichen innerbetrieblichen Gremien in Form eines Rollenspieles sein. Dabei sind dann auch Hypothesen zu möglichen Absagen aufzustellen, um sich so auf unterschiedliche Situationen vorzubereiten.

Weiterhin könnte es sinnvoll sein, bei der Anfrage an Unternehmen nach einer bestimmten Systematik vorzugehen. Um die Effektivität der Telefonakquisition zu steigern, könnten bei einer Absage gleichzeitig die Bereitschaft zur möglicherweise späteren Inanspruchnahme eines Angebotes der MBSA abgefragt werden. Die so bereits kontaktierten Unternehmen  werden dann „EDV-technisch" erfasst und nach einem bestimmten Zeitraum wiederholt kontaktiert. Damit können unerwünschte Anfragen vermieden sowie eine nachhaltige Akquisition gewährleistet werden. Sofern es der Personalbestand der Trägerorganisation zuläßt, könnte für die Planung und Durchführung der Akquisition ein Arbeitskreis bzw. -team gebildet werden.

### 3.2.5. Auftragsklärung und Problemanalyse

In den meisten Fällen wird es wohl so sein, dass ein konkreter Problemfall ein Unternehmen zur Inanspruchnahme eines externen Beratungsangebotes veranlasst.

Geisbühl spricht in diesem Zusammenhang für den Bereich der Suchtkrankenhilfe von „dem Wunsch des Unternehmers nach schnellen Lösungen für auffällige Mitarbeiter"[191]. Ausgehend von dieser Perspektive soll sich die Beratung zum einen auf den auffällig gewordenen Einzelfall konzentrieren und zum anderen wird ein schneller Erfolg erhofft.

Um Mißverständnissen vorzubeugen, ist es aus sozialarbeiterischer/sozialpädagogischer Sicht wichtig, dem Kunden den Systembezug für eine sichtbar gewordene Problematik und eine annähernd realistische Einschätzung zur Lösung des Problems

---

[191] Geisbühl. 2001. S. 34.

darzulegen. Somit muss an dieser Stelle auch geklärt werden, ob eine Zusammenarbeit auf den Einzelfall bezogen oder eine „Programmentwicklung" im Bereich der Personal- und Organisationsentwicklung sinnvoll ist.[192] Grundsätzlich ist beides möglich. Welche Intervention die Geeignete ist, ist nur durch eine eingehende Problemanalyse zu klären. Soll ein Einzelfall betreut werden, müssen zum Beispiel ab dem Zeitpunkt einer festgestellten Suchtproblematik eine Reihe von Vorbereitungen getroffen werden. Die in 2.3.2. dargestellten inhaltlichen und formalen Vorbereitungen, die eine mentale Vorbereitung des Betroffenen auf die Therapie, die Vermittlung eines Heimplatzes sowie die Klärung der Kostenübernahme umfassen, können unter Umständen einen längeren Zeitraum in Anspruch nehmen und machen so eine „schnelle Lösung" unwahrscheinlich. Dabei gilt es, möglicherweise konträre Positionen, wie den Wunsch des Kunden nach einer schnellen Problemlösung mit einem sozialarbeiterischen/sozialpädagogischen Verständnis von möglichst nachhaltiger und ursächlicher Problembearbeitung in Einklang zu bringen.

Es muss also in einem ersten Kundengespräch zwischen dem Auftraggeber und dem bzw. den Berater/n eine Kontraktabsprache über die angestrebten Ziele und die dazu erforderlichen Methoden bzw. Maßnahmen erfolgen. Um die Auftragserteilung präzisieren zu können, ist es wichtig, dass die Mitarbeiter einer externen Beratungseinrichtung ihre „Beraterrolle" zu Beginn und im weiteren Verlauf der Zusammenarbeit mit dem Auftraggeber definieren und reflektieren.[193] Folgende Fragestellungen können hierzu Hilfestellung bieten:

> „Wer holt den Berater ins Unternehmen?
> Welchen Einfluß hat diese Person?
> Welche (persönlichen) Interessen und Erwartungen werden mit dem Beratungsauftrag und der Zusammenarbeit verbunden?
> Ist der Auftrag klar, gibt es versteckte Aufträge?
> Welche (betrieblichen) Koalitionen bestehen?
> Wird die innere Struktur des Unternehmens durch die Zusammenarbeit erreicht?
> Gerät der Berater in Rollenkonflikte als Berater für das Unternehmen und als Berater für den Klienten?
> Welches Kooperationsinteresse hat die eigene Organisation?
> Welche persönlichen Beziehungen und welche Vertrauensverhältnisse bestehen oder wurden aufgebaut?
> Kann eine mehrparteiliche Haltung eingenommen und prinzipiell aufrecht erhalten werden?

---

[192] Vgl. Geisbühl. 2001. S. 34 f.
[193] Vgl. Geisbühl. 2001. S. 35.

➢ Können Konflikte angesprochen und vertrauensvoll und konstruktiv gelöst werden?"[194]

So ist im Sinne einer „Kundenorientierung" die Zielbestimmung, das heißt das „Produkt", sowie der Prozeß der Zielerreichung zusammen mit dem Kunden zu entwickeln.[195] Des weiteren sollte die Auftragsklärung unter der Beteiligung der betrieblichen Interessenvertretung und der maßgeblichen innerbetrieblichen Führungsebenen erfolgen. Damit soll eine breite Akzeptanz der MBSA erreicht und möglichen Interessenkonflikten, die in 2.4.2. beschrieben sind, vorgebeugt werden. Um Interessenkonflikten vorzubeugen, ist weiterhin eine verbindliche Regelung bezüglich der Schweigepflicht zu treffen. Deren Ausgestaltung wird in Punkt 3.3.7. behandelt.

In Zusammenhang mit der Auftragsklärung steht die Analyse der benannten Probleme und einer darauf hin bezogenen Intervention. Um die Nachteile einer vorschnell fokussierten Methode aufzuzeigen, soll in Anlehnung an das in 2.5. angeführte „Maßnahmeprogramm" bezüglich der Fehlzeitenreduzierung eine mögliche Vorgehensweise durchdacht werden. Dazu soll exemplarisch der Auftrag angenommen werden, die überdurchschnittlich hohen Fehlzeiten einer Abteilung zu senken. Ausgehend von der Fragestellung, ob die Ursache „krankheits- oder absentismusbedingt" ist, wäre bezüglich der Problemanalyse folgende Vorgehensweise denkbar: Aufgrund erster Einschätzungen der betrieblichen Organisations- und Sozialstruktur können erste Hypothesen aufgestellt werden, die in Einzelgesprächen und Gruppensitzungen überprüft werden können. Dabei können unter anderem Informationen auf den Ebenen, „Unternehmen", „Organisationseinheit", „Gruppe" und „Individuum" zur Verdichtung des Problemkreises und damit zu einer adäquaten Diagnose beitragen. Hierbei können auf der unternehmensbezogenen Ebene Produktionsbedingungen sowie die Personalstruktur einer Unternehmenseinheit analysiert werden.[196]

Bei der Analyse der Personalstruktur können unter anderem Einflußgrößen wie der Anteil der Frauen, die Altersstruktur, der Ausländeranteil oder der Anteil der behinderten Arbeitnehmer eines Betriebes untersucht werden. Bezüglich der „Organisationseinheit" sind unter anderem die Organisationsstrukturen bzw. Hierarchieebenen und die vorhandenen "Formen" der „Arbeitsteilung" zu eruieren und auf mögliche Konfliktquellen hin zu untersuchen. Auf der Gruppenebene werden zum Beispiel die

---

[194] Geisbühl. 2001. S. 36 f.
[195] Vgl. Sachs, Angelika: „Darf´s ein bißchen mehr sein?". Kundenorientierung in der Sozialberatung – Vorteile und Grenzen. In: bbs-forum. Heft 2. 3. Jahrgang. 1996. S. 15.
[196] Vgl. Ulrich, Eberhard: Arbeitspsychologie. 5. Auflage 2001. S. 84.

Möglichkeiten zur „kollektiven Regulation" der Arbeit untersucht. Das heißt, der Ablauf und die Einteilung der Arbeit werden nach Möglichkeiten einer flexiblen und autonomen Einteilung untersucht. Bei der individuellen Ebene soll die subjektive Bewertung der Mitarbeiter zur „Arbeitssituation" und zu den „Arbeitsbedingungen" erhoben werden.[197] Bei krankheitsbedingten Ursachen lässt sich so vielleicht durch eine eingehende Arbeitsplatzbegehung eine mögliche Störquelle von Arbeitsabläufen und/oder -bedingungen identifizieren um daran anschließend eine Verbesserung zu erarbeiten. Wird eine Störung des Betriebsklimas als Ursache für die hohen Fehlzeiten vermutet, kann mit mündlichen und schriftlichen Interviews bzw. Befragungen von Betriebsräten, Meistern und Mitarbeitern gearbeitet werden. Weiter differenziert kann der Grund so im Führungsverhalten der Vorgesetzten oder aber in Spannungen in der Arbeitsgruppe liegen – aber auch beide Aspekte sind möglich. Spätestens an dieser Stelle, das heißt bei der Erhebung des „Ist-Zustandes", wird deutlich, wie wichtig die Akzeptanz und die Unterstützung der externen Beratung im Unternehmen ist.

Ausgehend von dieser Analyse ist nun zu entscheiden, welche Maßnahme am erfolgsversprechendsten ist – Einzelgespräche, gruppenbezogene Maßnahmen, personalbezogene Interventionen oder die Kombination mehrerer Interventionsebenen. Mit dieser hier nur sehr grob skizzierten möglichen Analyseentwicklung wird deutlich, dass eine Beschränkung zum Beispiel auf die Arbeit am Einzelfall den Blick für das „Wesentliche" verstellen kann, was sich letztlich kontraproduktiv auf die Problemlösung auswirkt.

Die „Kunst" besteht nun darin, bereits bei der Kontraktschließung zwischen dem Kunden und der externen Beratung die Möglichkeit einer Ausweitung der Interventionen vom „individuell – persönlichen", über den „gruppenbezogenen" bis hin zum „organisationsbezogenen" Ansatz zu thematisieren und die Bereitschaft des Unternehmers für eine solche vielleicht notwendige Option zu erreichen. Damit ist für die MBSA ein möglichst großer Handlungsspielraum anzustreben. Zur Orientierung für den Auftraggeber ist eine kontinuierliche Berichterstattung über den Stand der Entwicklung zu vereinbaren. Ähnlich schwierig kann sich die Überzeugung der Auftraggeber von Angeboten rein präventiver Natur darstellen. In diesem Zusammenhang wird die folgende Praxiseinschätzung externer Berater angeführt:

> „Denn auf der anderen Seite stehen Vertragspartnerinnen und -partner, die sehr genau wissen wollen, weshalb sie eine Dienstleistung bezahlen sollen, die sie unmittelbar kaum in

---

[197] Vgl. Eberhard. S. 85.

Anspruch nehmen. Vorerst erfolgt die Nachfrage bei der sich schon mindestens seit Monaten hinschleppenden Problemfällen, es wird noch lange Zeit in Anspruch nehmen, unsere Grundidee der Vorbeugung durchsetzen zu können."[198]

Ob dies gelingt hängt davon ab, ob die Beratung die vorstehende Argumentation sowie die Vorteile der Prävention gegenüber dem Auftraggeber glaubwürdig vermitteln kann. Vereinbarungen über die Ziele und Methoden sind in einem Vertrag schriftlich zu fixieren. Auf die explizite Vertragsgestaltung wird in Punkt 3.3.7. eingegangen. Um den potentiellen Auftraggeber von der nützlichen Funktion einer Dienstleistung der MBSA zum Beispiel im Bereich der Personalentwicklung für sein Unternehmen zu begeistern, könnte folgende Argumentation von Seiten der Beratung angeführt werden:

„Ein Unternehmen kann aus betriebswirtschaftlichen Gründen auf diese Funktion nicht verzichten, weil vor der Zufriedenheit der Kunden die Zufriedenheit der Mitarbeiter steht. Äußere Qualität ist nur durch innere Qualität zu erreichen."[199]

Es ist allerdings wichtig, dass die/der Berater in ihrer/seiner Argumentation für die Akquisition eines Auftrages authentisch ist/sind, das heißt, dass das, was sie vertreten, weiteren Nachfragen und Gegenargumentationen standhalten muss. Auch hat sich die Beratung, wie eingangs erwähnt, immer wieder zu vergegenwärtigen, dass zunächst die Vorstellung des Kunden im Mittelpunkt steht und das letztlich die Zielbestimmung gemeinsam erfolgen muss. Es wäre also vor allem in der Anfangsphase der Zusammenarbeit bezüglich der Auftragserteilung kontraindiziert, den betrieblichen Entscheidungsträger missionieren zu wollen.

3.2.6. Akzeptanz der Sozialberatung bei der Belegschaft

Wie vorstehend erwähnt, ist die Akzeptanz der Sozialberatung ausschlaggebend für die Inanspruchnahme ihres Angebotes durch die Adressaten. Der Prozeß der Vertrauensbildung ist sowohl für die interne als auch für die externe Sozialberatung die Grundvoraussetzung für eine erfolgreiche bzw. effektive Arbeit. Allerdings ist, wie in 3.2.1. aufgezeigt, der Vertrauensbildung bei der Durchführung von externen Beratungsangeboten ein besonderer Stellenwert zuzumessen, da eine Beratungsform wie die der MBSA von den Auftraggebern unverbindlicher angesehen werden kann als die interne Form der BSA.

---

[198] Werber. 1989. S. 20.
[199] Sachs. 1996. S. 17.

Auf diesem Hintergrund ist eine Handlungsstrategie zu entwerfen, in der die Vorteile für die Belegschaft bzw. die Adressaten dargestellt werden. In einem ersten Schritt sind so der Zweck und der Nutzen der MBSA für die Belegschaft vorzustellen. Bei der Gestaltung von Handzetteln sollte auf die Verwendung von Fachtermini wie zum Beispiel „psychosoziale Krisenintervention" verzichtet werden. Zum einen ist es möglich, dass die Adressaten solche Fachtermini nicht verstehen können, zum anderen können sich Betroffene stigmatisiert fühlen, was sie wiederum an der Inanspruchnahme des Beratungsangebotes hindern kann. Deshalb sind niederschwellige und offen gestaltete Formulierungen zu wählen, um die Schwellenangst gegenüber der Beratung zu minimieren. Weiterhin könnten durch Ausgabe und Auswertung von halbstandardisierten Fragebögen die Erwartungen, die Anforderungen oder auch die Befürchtungen der Mitarbeiter an die MBSA erhoben werden. Auf diesem Weg soll die Mitgestaltung bzw. Mitbestimmung der Belegschaft gefordert und gefördert werden – auch um eine höhere Akzeptanz zu erlangen. Da auch die Leitungsebene und die Führungskräfte Adressaten der MBSA sein können, ist eine Bedarfserhebung für diesen Adressatenkreis ebenfalls sinnvoll.

Weiter ist bei der Inanspruchnahme der Beratungsangebote mit der Verschwiegenheit der MBSA gegenüber dem Arbeitgeber zu werben. Die Zusicherung der Anonymität wird somit als eine Voraussetzung für die Inanspruchnahme der Beratung durch die Mitarbeiter angenommen. Diese dürfte vor allem für den Bereich der Krisenintervention von Bedeutung sein. Diesen inhaltlichen Überlegungen müssen nun Umsetzungsstrategien in Form von betriebsinterner Öffentlichkeitsarbeit folgen.

Die Vorstellung der MBSA könnte persönlich und durch Ausgabe von Informationsbroschüren in den Pausen, bei Betriebsversammlungen und zu besonderen Anlässen wie Betriebsfeiern durchgeführt werden. Diese Vorstellungen sollten kontinuierlich wiederholt werden. Außerdem sollten sie thematisieren, wie die Adressaten die Berater der MBSA kontaktieren können. Darauf wird im nächsten Punkt eingegangen.

Die Personalabteilung und/oder die betriebliche Interessenvertretung sollte bei der Verteilung von Informationsmaterial mit einbezogen werden. Zudem kann auf Pinnwänden, am „schwarzen Brett" oder mit einer Informationsbroschüre als Beilage zur Lohn- bzw. Gehaltsabrechnung für das Angebot der MBSA geworben werden.

## 3.2.7. Arbeitsweise und Arbeitsform

Die in 3.2.3. aufgeführten Dienstleistungsangebote lassen sich weiterhin in drei unterschiedliche Reichweiten zusammenfassen. Dabei wird der Einteilung der „Lufthansa-Sozialberatung" gefolgt, wonach die Arbeitsweisen „Primärprävention", „Krisenmanagement" und „Nachsorge" unterschieden werden.[200]
Unter dem Fokus „Primärprävention" lassen sich so alle gruppenbezogenen Maßnahmen wie Schulungen, Seminare und Workshops und Maßnahmen der Personal- bzw. Organisationsentwicklung, wie zum Beispiel die Mitentwicklung von Betriebsvereinbarungen, subsumieren. Unter dem Aspekt „Krisenmanagement" lassen sich alle die in 3.2.3. genannten individuellen Interventionen zusammenfassen. Der Bereich Nachsorge kann sich aus allen drei Bereichen, je nach Thematik bzw. Einzelfall, zusammensetzten. Für den Bereich der Drogenproblematik ist beispielsweise denkbar, dass eine individuelle Begleitung von Betroffenen nach abgeschlossener Drogenentzugstherapie indiziert ist. Zusätzlich kann, in Abhängigkeit der Betriebsgröße und Anzahl der Therapierten, der Aufbau und die Begleitung einer betrieblichen Selbsthilfegruppe intendiert sein. Der Bereich Personal- bzw. Organisationsentwicklung kann bei der Ausgestaltung einer entsprechenden Betriebsvereinbarung mit einbezogen werden. Unabhängig von der Art der Arbeitsweise und der damit verbundenen Intervention erscheint die folgend zusammengefasste Vorgehensweise zweckmäßig:

> ➤ „Problemanalyse
> ➤ Zielbestimmung
> ➤ Entwicklung von Problemlösungstrategien
> ➤ Umsetzung der Strategien
> ➤ Kooperation und Koordination interner und externer Stellen nach Absprache mit den Betroffenen
> ➤ Aktualisierung der Strategien
> ➤ Erfolgskontrolle
> ➤ Stabilisierung"[201]

Zum Teil wurde bereits auf einzelne der vorstehenden Aspekte eingegangen. Andere Entwicklungsschritte werden im Folgenden erläutert. Für die Organisation bzw. die Durchführung dieser Arbeitsweisen und Interventionen sind entsprechende Strukturen zu schaffen. Um die Kontaktaufnahme mit den Beratern zu ermöglichen, sind re-

---

[200] Vgl. Deutsche Lufthansa DLH. Stand 30.01.95. S. 5.
[201] Deutsche Lufthansa DLH. Stand 30.01.95. S. 6.

gelmäßige Sprechstunden für die Adressatengruppen einzurichten. Dabei ist darauf zu achten, dass, in Abstimmung mit den Arbeitszeiten, alle Mitarbeiter die Möglichkeit haben, die Beratung aufzusuchen. So ist zu überlegen, ob Sprechstunden grundsätzlich in die Pausenzeiten gelegt werden, oder ob mit dem Arbeitgeber eine Freistellung während der Arbeitszeit vereinbart wird. Wenn die Sprechstunde in die Pausenzeiten gelegt wird, wird sie möglicherweise weniger in Anspruch genommen, da diese Zeit von den Mitarbeitern zur Erholung benötigt wird. Bei einer Freistellung könnte die Inanspruchnahme zwar höher sein – diese Regelung setzt aber die Bereitschaft des Arbeitgebers voraus, Arbeitszeitausfälle in Kauf zu nehmen. Noch komplizierter kann sich die Freistellung von Arbeitsgruppen für gruppen- und organisationsbezogene Maßnahmen gestalten. Ein Ausgleich des Personalausfalls könnte mit der in 2.3.6. beschriebenen Möglichkeit der „Jobrotation" geschaffen werden. Dieses System könnte sowohl mit internen als auch mit externen Kräften betrieben werden. Hier sind beide Seiten gefordert, weitere kreative Lösungsmöglichkeiten zu entwerfen. Außerdem ist methodisch denkbar, dass im Bereich der Einzelfallarbeit Haus- bzw. Krankenhausbesuche durchgeführt werden können um sozialversicherungsrechtliche oder psychosoziale Fragestellungen am Wohnort bzw. Aufenthaltsort der Adressaten bearbeiten zu können. Mit steigender Kundenakquisition ist allerdings mit einem höherem organisatorischen Aufwand zu rechnen, der eine gründliche Planung und Koordination der Terminierung voraussetzt.

### 3.3. Struktureller Rahmen der Konzeptidee zur Mobilen Betrieblichen Sozialarbeit

Nach den inhaltlichen Überlegungen zur Konzeptionierung der MBSA sollen in den nun folgenden Punkten die dafür notwendigen strukturellen Voraussetzungen entwickelt werden.

### 3.3.1. Regionsspezifische Bedarfsanalyse/Bestandsaufnahme, Instrumente und Einschätzung

Für den vorgesehenen Aktionsradius der MBSA sollte eine Marktanalyse durchgeführt werden. Es wird davon ausgegangen, dass der Tätigkeitsbereich der MBSA in „wirtschaftlich strukturschwachen" Gebieten liegt. Hierunter werden Regionen verstanden, die sich wie folgt charakterisieren lassen:

Als Arbeitsbereich der MBSA sind kleinere bis mittelgroße Städte in der Größenordnung von ca. 50-150.000 Einwohner anvisiert, da hier mit potentiellen Auftragsbetrieben aus dem Bereich der kleinen- und mittelständischen Unternehmen mit einer Belegschaft von bis zu 500 Mitarbeitern zu rechnen ist. Die durchzuführende Marktanalyse kann in eine Bestandsaufnahme, das heißt in die Ermittlung von bestehenden betriebsinternen Sozialberatungen, und in eine Bedarfseinschätzung durch die potentiellen Kunden bezüglich der vorrangig nachgefragten Sozialdienstleistungen unterteilt werden. Die Anzahl der bereits vorhandenen internen und externen Beratungsdienste für die genannte Zielgruppe ist als gering einzuschätzen. Für die Beurteilung des Bedarfes dürfte es nicht unerheblich sein zu wissen, welche Unternehmensformen – also GmbH, AG usw. – mit welchen Strukturen im geplanten Aktionsradius der MBSA vorzufinden sind. So ist zu erwarten, dass in eher wirtschaftlich strukturschwachen Regionen mit auch ländlichen Strukturen vor allem Familienbetriebe in Form von GmbHs angesiedelt sind. Hier gibt es natürlich ganz andere Bedürfnisse als zum Beispiel bei einer AG. Auch Informationen wie aktuelle Konjunkturprognosen und Daten zur Infrastruktur eines Sozial- bzw. Wirtschaftsraumes können hilfreich bei der Planung eines ersten Angebotes sein. Hierzu gehören unter anderem die Anzahl der Neugründungen, die Höhe der Arbeitslosigkeit oder die Mitarbeiterzahl in bestimmten Branchen. Zur besseren Übersicht kann dadurch der potentielle Einzugsbereich der MBSA nach Branchen eingeteilt werden und ein unterschiedlicher Bedarf an bestimmten Dienstleistungen erkennbar werden. Hier ist es empfehlenswert, sich mit Hilfe von statistischen Einschätzungen der örtlichen Industrie und Handels- bzw. Handwerkskammern einen ersten Überblick zur Struktur bzw. Zusammensetzung der örtlichen Betriebe zu verschaffen. Auf dieser Grundlage kann eine erste Spezialisierung des Angebotes erfolgen. Zum möglichen Zeitpunkt für die Durchführung der Erhebung soll folgende Einschätzung wiedergegeben werden:

> „Marktforschung kann während der Planungsphase, aber auch im Kontext von Akquisition, wenn ein erster Plan schon ausgereift ist, betrieben werden. Marktforschung während der Planungsphase ist naturgemäß mehr Landkarte denn Landschaft (...).“[202]

Zur methodischen Vorgehensweise differenziert Appelt in die Möglichkeit, Fragebögen zu versenden und in die Möglichkeit die Marktforschung, wie in 3.2.4. in Erwägung gezogen, mit der persönlichen Vorstellung in den Unternehmen zu verbinden. Nachteile der Fragebogenform sind laut Appelt der hohe Kostenaufwand, die möglicherweise geringe „Rücklaufquote" und der häufig zweifelhafte „Erkenntnisgewinn". Die zweite Variante ist nach Appelt zwar „mühseliger" aber kostengünstiger und ermöglicht ein direktes „feedback" des umworbenen Unternehmen.[203] Auch diese Aufgabe kann, wie in 3.2.4. erwähnt, von einem möglicherweise vorhandenen, internen Callcenter der Trägerorganisation durchgeführt werden. Darüber hinaus besteht die Möglichkeit, die Marktanalyse von einem professionellen Marktforschungsunternehmen durchführen zu lassen. Dieser Weg ist aber wahrscheinlich mit hohen Kosten verbunden. Deshalb ist es sinnvoll, die ersten Erhebungen selbst durchzuführen und bei einer Etablierung der MBSA eine Marktanalyse von externen Anbietern durchführen zu lassen, um die bestehenden Angebote zu optimieren.

## 3.3.2. Standort und Räumlichkeiten

In diesem Kapitel sollen Überlegungen zu der Frage nach dem „Wo" der Konzeptentwicklung angestellt werden. Grundsätzlich können Maßnahmen auf individueller, gruppenbezogener oder organisatorischer Ebene sowohl in den Räumlichkeiten des Auftraggebers selbst als auch in den Räumlichkeiten der Trägerorganisation der MBSA stattfinden. Wenn die Veranstaltungen beim Träger selbst durchgeführt werden sollen, muss beachtet werden, ob eine verkehrsgünstige Anbindung besteht, oder ob externe Räumlichkeiten angemietet werden sollten. Grundsätzlich können natürlich auch Räume beider Vertragspartner genutzt werden, wobei im Vorfeld die Frage einer eventuellen Raummiete geklärt werden sollte. Je nach dem auf welcher Arbeitsebene gearbeitet wird, ist der Raumbedarf unterschiedlich. Für eine Einzelfallberatung bzw. die Durchführung von Sprechstunden ist ein Raum in „normaler Bürogrösse" ausreichend. Für die Arbeit mit Gruppen in Form von Schulungen und Seminaren wird allerdings ein grösserer Raum benötigt, der ausreichend Bewegungs- und Belüftungsmöglichkeiten bietet. In bestimmten Fällen kann für die Arbeit mit Gruppen die Anmietung von Fortbildungshäusern förderlich sein, da dort in neutraler Atmosphäre Aufgabenstellungen bearbeitet werden können. Hierbei ist allerdings auch die Frage der Finanzierung von zusätzlichen Kosten zu klären.

Bei einem im Auftragsbetrieb gelegenen Raum zur Abhaltung von Sprechstunden ist darauf zu achten, dass die Räumlichkeit sowohl für alle Mitarbeiter gut erreichbar als auch „unbemerkt" und „diskret" zugänglich ist. Er sollte somit für alle Arbeitsberei-

---

[202] Appelt, Hans-Jürgen: Über Wasser halten – oder schwimmen? Wegmarken freiberuflich ausgeübter Betriebssozialarbeit. In: bbs-forum. Heft 2. 3. Jahrgang. 1996. S. 10.
[203] Vgl. Appelt. 1996. S. 10.

che relativ zentral liegen und trotzdem nicht an einem von Mitarbeitern stark „frequentierten" Platz sein, um nicht eine Stigmatisierung der Adressaten durch ihre Kollegen zu provozieren. Nach Steinmetz ist weiterhin darauf zu achten, dass die Räumlichkeiten der BSA nicht in nächster Nachbarschaft zu denen der Firmenleitung oder Personalabteilung liegen, um bei den Mitarbeitern nicht den Verdacht einer Parteilichkeit der BSA aufkommen zu lassen.[204] Allerdings muss nicht nur die Lage der Räumlichkeiten bedacht werden, der Raum muss auch über folgende Ausstattung verfügen:

> ➢ „eigene Räumlichkeiten (abschließbar und schallisoliert) mit Möglichkeit auch größere Besprechungen abzuhalten;
> ➢ Telefon mit Anrufbeantworter (u.U. zum Beispiel nach betrieblichen Erfordernissen bei dezentralen Betriebsstrukturen ein Handy);
> ➢ Computer mit Internet- und Intranetanschluss, Drucker (exklusiver, geschützter Zugang) mit einer entsprechenden Software;
> ➢ Medien wie z.B. Flipchard."[205]

Wenn auch die vorstehenden Ausführungen sich zunächst auf interne betriebliche Beratungsdienste beziehen, so erscheint eine Übertragung auf die Konzeption der MBSA hier durchaus möglich und sinnvoll.

### 3.3.3. Personal und Aufgabenverteilung

Im Folgenden soll geklärt werden, „Durch wen", das heißt mit welchem Personalbedarf, das Aufgabengebiet der MBSA bearbeitet werden soll und wie eine Aufgabenverteilung organisiert werden könnte.

Aufgrund ihrer spezifischen Ausbildung sind vor allem für den Bereich der sozialen Einzelfallarbeit und der sozialen Gruppenarbeit SA/SP sowie Diplompädagogen zu bevorzugen. Je nach Aufgabengebiet, zum Beispiel bei Prüfungsvorbereitungen von Azubis im Rahmen von „ABH-Maßnahmen", kann die Mitarbeit von Facharbeitern mit Zusatzausbildung oder Meistern erforderlich werden. Auch für die Planungsphase könnten sich die Mitglieder eines interdisziplinäres Teams von zum Beispiel SA/SP, Wirtschaftswissenschaftlern und Fachkundigen aus den verschiedensten Gewerben durch unterschiedliche Perspektiven gegenseitig positiv und synergetisch beeinflussen. Wenn die Bereiche Einzel- und Gruppenarbeit in etwa gleich stark nachgefragt

---

[204] Vgl. Steinmetz, Susanne: Organisation interner Dienste. In: Jente, Charlotte; Judis, Frank; Meier, Ralf; Steinmetz, Susanne; Wagner, Stephan F. (Hrsg.): Betriebliche Sozialarbeit. Freiburg im Breisgau. 2001c. S. 64.
[205] Steinmetz. 2001c. S. 63.

werden, ist es im Sinne einer Arbeitsteilung sicher sinnvoll, diese Aufgabenbereiche bestimmten Personen zuzuordnen, die auch über einschlägige Erfahrung auf diesem Gebiet verfügen. Vor allem für die Durchführung der Sprechstunden erscheint die kontinuierliche Besetzung mit ein und derselben Person zur Förderung der Vertrauensbildung sinnvoll.

Es ist in der Anfangsphase schlecht abzuschätzen, mit welchem konkreten Personalbedarf für die MBSA zu rechnen ist. Auch ist zu überlegen, ob mit der Implementierung der MBSA Neueinstellungen erforderlich werden, oder ob die Bearbeitung des neuen Aufgabenbereiches zunächst aus den vorhandenen Personalressourcen bewerkstelligt werden soll. Auch könnte für die Anfangsphase auf die Akquirierung von Honorarkräften bzw. auf die Besetzung von Teilzeitstellen zurückgegriffen werden. Nicht zuletzt um diese Frage zu klären erscheint die Durchführung einer ersten Marktanalyse vor der Konzeptausführung sinnvoll. Mit steigender Nachfrage kann und sollte das Beraterteam der MBSA stufenweise erweitert werden, um so eine gleichbleibende Qualität der Beratung und nicht zuletzt weitere Arbeitsplätze sicherzustellen.

### 3.3.4. Honorarabrechnung und Finanzierung

Folgend soll der Frage nach dem „Womit", das heißt der Frage nach den möglichen Finanzierungsformen, für die MBSA nachgegangen werden. Zum einen soll in diesem Zusammenhang auf die Honorarberechnung und zum anderen auf die Möglichkeit der Bezuschussung aus öffentlichen Mitteln eingegangen werden. Da beabsichtigt ist, dass sich die MBSA durch die Erwirtschaftung von Gewinnen selbst tragen soll, wird vorrangig die Berechnung des Beraterhonorares behandelt.

Für den Bereich der Einzelberatung in Form von Sprechstunden erscheint es sinnvoll, dem Auftraggeber die von der MBSA erbrachten Leistungen pauschal entsprechend der jeweiligen Mitarbeiterzahl in Rechnung zustellen. Nach Spreter/Wagner kann so der Auftraggeber eine „bestimmte Stundenzahl" betrieblicher Sozialberatung einkaufen, wobei er aus dem Angebot der Sozialberatung bestimmte Leistungen, wie aus einer Art „Baukastensystem", auswählen kann.[206] Für Gruppenveranstaltungen in Form von Schulungen und Fortbildungen können auch entsprechende Budgetierungen festgelegt werden. Die hierbei häufig anfallenden Mehraufwendungen – zum Beispiel für Arbeitsmittel – sind zusätzlich in Rechnung zu stellen.

---

[206] Vgl. Spreter; Wagner. 1998. S. 115.

Nachstehend soll ein mögliches Modell zur Finanzierung der Kosten eines externen betrieblichen Sozialdienstes näher betrachtet werden:

> „Bei der Finanzierung hatten wir zunächst an Modelle gedacht, in denen verschiedene Betriebe eines Industriegebietes oder einer Ladenzeile, eines Gewerbehofes in bedarfsgerecht – nach Anzahl der Mitarbeiter – ausgerechneten Umlageverfahren die Kosten des Sozialdienstes tragen."[207]

Dieses Verfahren wird bei Ristig/Woditsch als „Verbundsystem" bezeichnet, bei dem sich kleine und mittlere Betriebe zur Nutzung einer externen betrieblichen Sozialberatung zu einem Verbund zusammenschließen.[208]

Die inhaltliche Ausgestaltung dieses „Verbundsystems" soll im folgenden anhand von Ausführungen einer Diplomarbeit zur Firmengründung eines externen betrieblichen Beratungsdienstes näher beschrieben werden:

> „KundeInnen, die am Verbundsystem teilnehmen, wird eine einmalige Investitionszahlung, abhängig von der Mitarbeiterzahl, für notwendige Materialien und eine firmenspezifische Bedarfserhebung berechnet. Zusätzlich fallen monatlich laufende Sachkosten an, deren Höhe wiederum von der Mitarbeiterzahl abhängt. Die in der jeweiligen Firma geleisteten Arbeitsstunden werden in einem Zeiterfassungsbogen nach Leistungsart festgehalten und monatlich abgerechnet. Der Stundensatz für Firmen im Verbund liegt 20% unter den Kosten, die Firmen außerhalb des Verbundes tragen müssen"[209]

Dabei nehmen die Autoren eine Aufteilung der Beratungsstunden in „sechs Arbeitseinheiten" von je 10 Minuten vor, um eine exaktere Berechnung der erbrachten Leistung zu ermöglichen.[210]

Der Vorteil dieser Berechnungsmethode äußert sich für die Autoren dabei unter anderem in folgenden Aspekten:

> ➢ „Gemeinsame Fortbildungen und Schulungen sind kostengünstig und ermöglichen einen fachlichen Austausch und gegenseitige Reflexion für die Teilnehmer.
> ➢ Betriebe im Verbund werden bei der Terminvergabe bevorzugt behandelt.
> ➢ Anregung zur Gruppenbildung für die Selbsthilfe und zum fachlichen Austausch zwischen den NutzerInnen des Verbundes.
> ➢ Ein weiterer Vorteil ist für GebOS, regelmäßig Einkünfte zu erwirtschaften und damit die Möglichkeit für eine verlässliche Planung zu haben."[211]

[207] Werber. 1989. S. 20.
[208] Vgl. Ristig, Regina; Woditsch, Jutta: Diplomarbeit zum Thema: Betriebliche Sozialarbeit. Erstellung eines Konzeptes für die Firmengründung einer externen betrieblichen Sozialberatung im Wirtschaftsraum Göppingen. Hochschule für Sozialwesen FH Esslingen im Fachbereich Sozialarbeit. 2001. S. 96.
[209] Ristig; Woditsch. 2001. S. 96.
[210] Vgl. Ristig; Woditsch. 2001. S. 96.
[211] Ristig; Woditsch. 2001. S. 95.

Wenn auch die aufgeführten Vorteile dieses Systems unbestritten geteilt werden, so dürfte dennoch fraglich sein, in wie weit die potentiellen Kunden trotz der finanziellen Vorteile zur Teilnahme an diesem Verbund bereit sind. Bei diesem Modell der Kooperation wird der Informationsfluss zwischen den Mitarbeitern verschiedener Firmen und damit eine gewisse Transparenz der Firmenstrukturen und innerbetrieblichen Abläufe gefördert, was vielleicht nicht von jedem Arbeitgeber gewünscht ist. Dennoch kommt es nicht zuletzt auch hier auf die Fähigkeit der Beratung an, diesbezüglichen Bedenken des Auftraggebers argumentativ entgegenzutreten. Ausgehend von der Annahme, dass die Mitarbeiter aus den unterschiedlichen Firmen sich ja zunächst nicht kennen, wird bei dieser Vorgehensweise eine besondere Anforderung an die Fähigkeit der/des Berater/s gestellt, möglichst schnell ein vertrauensvolles Arbeitsklima in den Fortbildungen und Schulungen herzustellen.

Dennoch wird das vorstehende Modell für eine adäquate und nachhaltige Möglichkeit der Kundenakquisition und Angebotsfinanzierung gehalten. Ein wichtiges Ziel für die Arbeit der MBSA sollte daher sein, in mehreren Firmen ein kontinuierliches monatliches Stundenkontingent zu implementieren, um somit eine gewisse Regelmäßigkeit der Einnahmen zu sichern.

Die nun folgende zweite Ebene soll Möglichkeiten der öffentlichen Finanzierung aufzeigen. Wenn sich auch die verwendete Literatur im Folgenden vor allem auf die Förderungsmöglichkeiten von freien- bzw. gemeinnützigen Trägern bezieht, so können öffentliche Förderungen auch von anderen Träger- bzw. Unternehmensformen oder zum Teil sogar von den Firmen selbst in Anspruch genommen werden. Die Zuschüsse können aus folgenden Mitteln stammen: „In den Bereich der öffentlichen Zuschüsse fallen Bundes, Landes- und Kommunalmittel und Mittel aus den europäischen Strukturfonds."[212]

Bei der öffentlichen Finanzierung wird zunächst die „direkte Bezuschussung" von sozialen Einrichtungen und Diensten und die „indirekte Bezuschussung" ihrer „Klientel" unterschieden. Dabei sind Zuschüsse wie „Geldleistungen" in Form von Subventionen durch die Kommunen oder in Form von „Zuwendungen" durch „Bund" und „Länder" zu unterscheiden. In diesem Zusammenhang wird betont, dass die Bezuschussung im freiwilligen Ermessen der „öffentlichen Körperschaften" liegt. Somit

---

[212] Kolhoff, Ludger: Zuschüsse und Pflegesätze als öffentliche Finanzierungsformen. Herausgegeben von: Fachhochschul –Fernstudienverbund der Länder Berlin, Brandenburg, Mecklenburg-Vorpommern, Sachsen, Sachsen-Anhalt, Thüringen. Studienbrief 2 – 020 – 0903. 2000a. S. 7.

besteht auf diese Leistungen von Seiten der Träger kein Rechtsanspruch.[213] „Zu den Subventionen gehören neben Geld- und Sachleistungen auch Steuererleichterungen und -befreiungen, zum Beispiel auf Grund der Gemeinnützigkeit, die für soziale Einrichtungen und Dienste sehr bedeutsam sind."[214]

Außerdem ist eine Bezuschussung einmalig als „Projektfinanzierung" oder über einen längeren Zeitraum als „institutionelle", das heißt als kontinuierliche Förderung, möglich. Bezüglich der Termini wird eine Unterteilung in „Kostenträger", das heißt in öffentliche Körperschaften, in „Leistungsträger", also in Einrichtungen, und in „Leistungsempfänger", das heißt in Adressaten, von sozialen Projekten oder Diensten, vorgenommen.[215]

Nachfolgend soll ein Überblick der Förderungsmöglichkeiten gegeben werden, die sich aus den einzelnen Sozialversicherungsgesetzen ergeben. Je nach Angebot bzw. Arbeitsbereich der MBSA können hierbei bestimmte Förderungen von Bedeutung sein. Damit könnten nach „§ 40 Arbeitsförderung SGB III" „sozial benachteiligte Jugendliche" in Form der bereits erwähnten „Ausbildungsbegleitenden Hilfen", sowie behinderte Mitarbeiter nach „§ 58" gefördert werden. Neben diesen beiden Varianten besteht die Möglichkeit, dass Mitarbeiter, das heißt die Berater der MBSA, durch die Übernahme von „Personalkosten" in Form von „Arbeitsbeschaffungsmaßnahmen" nach den „§§ 91 – 96 SGB III" durch die Arbeitsverwaltung gefördert werden.[216]

Des weiteren können nach den „§§ 20 ff. GKV SGB V" Leistungen zur Unterstützung von Maßnahmen zur Gesundheitsförderung gewährt werden. Anerkannte „Freie Träger der Jugendhilfe" haben ähnlich wie nach „§ 40 SGB III" auch nach „§ 13 KJHG SGBVIII" die Möglichkeit, Mittel zur Förderung von „beeinträchtigten" jungen Menschen bezüglich der Schul- und Berufsausbildung zu erhalten. Letztlich können nach den „§§ 39 - 47 BSHG" Eingliederungshilfen für Behinderte und nach „§ 19 BSHG" Arbeitsverhältnisse finanziell gefördert werden. Leistungen nach der „Sozialen Pflegeversicherung SGB XI" werden an dieser Stelle für den Arbeitsbereich der MBSA vernachlässigt.[217]

---

[213] Vgl. Kolhoff. 2000a. S. 7.

[214] Kolhoff. 2000a. S. 8.

[215] Vgl. Kolhoff, Ludger: Finanzierung durch die öffentliche Hand. Herausgegeben von: Fachhochschul –Fernstudienverbund der Länder Berlin, Brandenburg, Mecklenburg-Vorpommern, Sachsen, Sachsen-Anhalt, Thüringen. Studienbrief 2 – 020 – 0902. 2000b. S. 6.

[216] Vgl. Krüger, Rolf: Rechtsformen und Finanzierung freier Träger der Sozialarbeit. Mechtersen. 1998. S. 40 ff.

[217] Vgl. Kolhoff. 2000b. S. 14 - 26.

Schließlich sollen noch die Förderungsmöglichkeiten durch den „Europäischen Sozialfond" genannt werden. Nachfolgend wird – nach Zielen gestaffelt – eine Auswahl der Förderungen angeführt, die für den Bereich der MBSA in Frage kommen:

> „Ziel 1. (regional): Förderung der Entwicklung und der strukturellen Anpassung der Regionen mit Entwicklungsrückstand
> Ziel 2. (regional): Unterstützung der wirtschaftlichen und sozialen Umstellung der Gebiete mit Strukturproblemen
> Ziel 3. („horizontales Ziel" nicht auf eine bestimmte Region begrenzt): Unterstützung der Anpassung und Modernisierung der Bildungs- und Beschäftigungspolitiken und –systeme
> Ziel 5b. (regional): Erleichterung der Entwicklung und der strukturellen Anpassung der ländlichen Gebiete"[218]

Dabei wird im Rahmen der ESF-Förderung eine Einteilung in die Unterstützung von „Personen", von „Strukturen" und „Systemen" sowie in die Unterstützung von „Maßnahmen" zur Bereitstellung von Dienstleistungen vorgenommen.[219] Auf eine differenzierte Darstellung der Leistungen kann hier nicht eingegangen werden. Abschließend ist darauf hinzuweisen, dass zur Kalkulation der Investitionen der laufenden Sach- und Personalkosten sowie der Preisgestaltung ein Finanzierungsplan zu erstellen ist.

### 3.3.5. Rechtsform für die „Mobile Betriebliche Sozialarbeit"

Bezüglich der Rechtsform für die Implementierung der MBSA wurde bereits die Präferenz der gemeinnützig organisierten Träger der Sozialarbeit erwähnt, da hier die für die Arbeit der MBSA notwendigen personellen bzw. fachlichen Voraussetzungen erwartet werden können. Nach Krüger lassen sich so „öffentlich-rechtlich" organisierte Träger, wie „Kirchen" und „Stiftungen", sowie „privat-rechtlich" organisierte Träger, wie „Spitzenverbände" der „freien Wohlfahrtspflege", gGmbHs bzw. NPOs, „Jugendverbände" und „privatrechtliche Stiftungen" unterscheiden. Der bereits erwähnte gemeinsame Vorteil dieser Unternehmensformen ist das Privileg der Steuervergünstigung, das sich vor allem auf die Höhe der Mehrwertsteuer auswirkt.[220] Entgegen der häufig zu hörenden Feststellung dürfen nach „§ 4 GmbHG" auch NP-Organisationen Gewinne machen. Der Gewinn darf aber nicht an die Gesellschafter

---

[218] Kolhoff. 2000b. S. 26 - 33.
[219] Vgl. Kolhoff. 2000b. S. 31.
[220] Vgl. Krüger. 1998. S. 4.

ausgeschüttet werden, sondern muss zur Stärkung der Gesellschaft und der Erreichung ihrer Ziele in dieser verbleiben.[221]

Eine zweite Möglichkeit besteht in der Ausgliederung der MBSA in eine eigenständige Unternehmensform nach dem Prinzip der Freiberuflichkeit, was auch in Kooperation mit einem NPO-Unternehmen bezüglich der Raum- und Personalbeschaffung vorstellbar wäre. Folgend sollen verschiedene Möglichkeiten dargestellt und hinsichtlich ihrer Vor- und Nachteile abgewogen werden. So heißt es an anderer Stelle, dass ein potentieller Existenzgründer entweder als „Einzelunternehmer" agieren oder eine „nicht gemeinnützige" „Personen- oder Kapitalgesellschaft" gründen kann. Für eine freiberufliche „nichtgewerbliche Tätigkeit" im sozialen Bereich eignen sich somit die „Personengesellschaften" wie die „Gesellschaft des Bürgerlichen Rechts" und die „Partnerschaftsgesellschaft". Zudem kann eine entsprechende Unternehmung in Form einer „nicht gemeinnützigen" Kapitalgesellschaft durch eine „Gesellschaft mit beschränkter Haftung" ausgestaltet werden.[222]

Nach Kolhoff/Vollmer setzen sich „Personengesellschaften" aus mindestens zwei Gesellschaftern zusammen, die mit ihrem Privatvermögen haften. Für auf Dienstleistungen ausgerichtete Neugründungen im sozialen Bereich empfehlen die Autoren die Unternehmensformen der „GbR" und der „PartnG".[223] Vorteile der „GbR" seien die einfachen „Gründungsvoraussetzungen" und die niedrigen „Gründungskosten", da bei dieser Gesellschaftsform weder ein Eintrag ins „Handelsregister" noch „Mindestkapital" erforderlich ist. Als nachteilig bewerten die Autoren die fehlende „Haftungsbeschränkung". Bei der „PartnG" ist ebenfalls kein „Mindestkapital" erforderlich. Der „Gesellschaftervertrag" bedarf hier allerdings der „Schriftform" und ist im „Partnerschaftsregister" beim „Amtsgericht" einzutragen. Die Partner haften auch hier mit ihrem Privat- und Geschäftsvermögen.

Für eine GmbH ist die Haftung der „Gesellschafter" auf ihre „Einlage" begrenzt. Aber auch bei dieser Unternehmensform müssen häufig Kredite aufgenommen werden, für die dann die Gesellschafter privat haften, so die Autoren. Die Gründung einer GmbH muss im Handelsregister eingetragen werden und erfordert nach Kolhoff/Vollmer spezielle betriebswirtschaftliche Kenntnisse zur Erstellung der „Buch-

---

[221] Vgl. Krüger. 1998. S. 15.

[222] Vgl. Kolhoff, Ludger; Vollmer Michael: Ökonomische und rechtliche Rahmenbedingungen der Existenzgründung. Herausgegeben von: Fachhochschul –Fernstudienverbund der Länder Berlin, Brandenburg, Mecklenburg-Vorpommern, Sachsen, Sachsen-Anhalt, Thüringen. Studienbrief 2 – 020 – 2202. 2001. S. 47.

führung" und der „Bilanzierung". Das erfordert eine professionellere Unternehmens-führung als dies bei den oben genannten Formen der Fall ist.[224]

Soll die MBSA als eigenständiges Unternehmen gegründet werden, wird abschließend die Form einer „GbR" bevorzugt, da zum einen keine Firmeneinlage notwendig ist und zum anderen der zu erwartende Kaptitalbedarf der MBSA gering sein dürfte. Dabei wird eine gemeinsame und gleichberechtigte Führung der Geschäfte mit einem Partner vorausgesetzt.

### 3.3.6. Qualitätsmanagement

In diesem Punkt soll die theoretische Einbindung und Ausdifferenzierung der zum Teil schon angesprochenen Einzelaspekte des Qualitätsmanagements dargestellt werden. Dabei soll folgende Definition zum Begriff des „Qualitätsmanagement" zugrunde gelegt werden:

> „Qualitätsmanagement soll zur Qualität von Humandienstleistungen beitragen, indem Qualitätsstandards definiert, ihre Umsetzung kontinuierlich kontrolliert, Qualitätskriterien überprüft und gegebenenfalls angepasst werden. Qualitätsmanagement ist damit zugleich Qualitätsentwicklung und Qualitätssicherung."[225]

Wie sich der Nutzen für den Kunden einer Dienstleistung nachweisen lässt, ist, wie bereits erwähnt, besonders für den Arbeitsbereich der MBSA von größter Bedeutung, damit sich entsprechende Angebote in Firmen etablieren können.

Dieser Nutzen bemißt sich nach der Qualität der Dienstleistung, das heißt nach dem Grad der „Eignung" für den „Gebrauch" bzw. nach dem Verwendungszweck. So wird eine bestimmte „Dienstleistungsqualität" angestrebt, wobei die Anforderungen und die Bewertung der Leistung, vor allem im Fall der MBSA, zunächst vom Kunden festgelegt werden.[226] In diesem Zusammenhang wird dann auch vom „kundenbezogenen" und vom „wertorientierten" Qualitätsbegriff gesprochen.[227]

Diese bereits in 3.2.5. erwähnte Kundenorientierung kann mit der Durchführung von Maßnahmen zur Optimierung der „Strukturqualität", „Prozeßqualität" und „Ergebnisqualität" konkretisiert werden. Unter der „Strukturqualität" werden allgemein die

---

[223] Vgl. Kolhoff; Vollmer. 2001. S. 47.

[224] Vgl. Kolhoff; Vollmer. 2001. S. 48.

[225] Birner, Ursula; Fexer, Helmar: Qualitätsmanagement für soziale Einrichtungen. Entscheidungshilfe. Begriffsklärung. Grundlagen. Starnberg. 1999. S. 46.

[226] Vgl. Birner; Fexer. 1999. S. 48.

[227] Vgl. Birner; Fexer. 1999. S. 47.

„personellen", „sachlichen" und „organisatorischen" „Qualitätspotentiale" einer Dienstleistung zusammengefasst. Auf diese Punkte wurde zum Teil bereits in 3.3.2. und 3.3.3. eingegangen wurde. Auch die Erstellung einer in 3.2.4. beschriebenen Rahmenkonzeption kann zu diesem Punkt gerechnet werden. Bei der „Prozeßqualität" steht die „tatsächlich" erbrachte Qualität der Interventionen des Dienstleistungsunternehmens im „Zusammenwirken" mit dem Kunden bzw. den Adressaten im Mittelpunkt. Die Qualität aller erbrachten Interventionen, „Teildienstleistungen" und ihre Koordination werden unter dem Begriff „Prozessqualität" zusammengefasst. Die „Ergebnisqualität" hingegen trifft Aussagen über die „(längerfristig)" erreichte Qualität der Dienstleistung und ihren Nutzen für den Adressaten und damit auch für den Kunden. Mit ihr ist die Erreichung „vereinbarter" oder „vorgegebener" Ziele an der „subjektiven Zufriedenheit" des Auftraggebers bzw. des Adressaten zu messen.[228] Auf die notwendige Mitarbeit der Auftraggeber bezüglich der Prozessteuerung und der Zielformulierung wurde ebenfalls bereits in 3.2.5. hingewiesen.

Zur Umsetzung und „Realisierung" der Ziele sollten diese „spezifisch" und „präzise" formuliert sein, sowie zur Verbesserung der Ergebnisquantität bzw. -qualität „meßbar" und „angemessen" zur Unternehmensentwicklung beitragen. Weiterhin muss die Zielvereinbarung „realistisch", das heißt „tatsächlich erreichbar", und „terminerecht" sein, wobei Etappenziele festgelegt werden sollten.[229]

Auf diesem Hintergrund soll nachstehend eine Auswahl von „Qualitätssicherungsinstrumenten" aufgeführt und inhaltlich kurz skizziert werden. So kann die „Evaluation" als Methode der Qualitätssicherung genannt und wie folgt definiert werden:

> „Evaluation beschreibt systematische datengestützte Verfahren zur Beschreibung und Beurteilung von Programmen und Maßnahmen überwiegend in pädagogischen bzw. psychologischen Arbeitsfeldern (...)."[230]

Innerhalb der „Evaluationsforschung" können weiter die „Implementationsforschung" die „Prozeßevaluation", die „Ergebnisevaluation" sowie die „Kosten-Nutzen-Analyse" unterschieden werden.[231] Je nach Art der „Evaluation" sind unterschiedliche Erkenntnisse intendiert. Nach der vorstehend aufgeführten Reihenfolge können damit die „Tragweite" der Problemstellung, die „Steuerungsprozesse", die

---

[228] Vgl. Birner; Fexer. 1999. S. 48.
[229] Vgl. Birner; Fexer. 1999. S. 73.
[230] Birner; Fexer. 1999. S. 67.
[231] Vgl. Albrecht, Günter; Groenemayer, Axel; Stalberg, Friedrich: Handbuch Soziale Probleme. Opladen/Wiesbaden. 1999. S. 908 f.

Folgen bzw. Wirkungen sowie die Aussagen über die „Wirtschaftlichkeit" von Dienstleistungen handlungsleitend bei einer Untersuchung sein.[232]

Somit kann die „Implementationsforschung" zu einem Instrument zur Ermittlung der „Strukturqualität" und die „Prozeßevaluation" zu einem Instrument zur Ermittlung der „Prozeßqualität" gezählt werden. Die „Ergebnisevaluation" und die „Kosten-Nutzen-Analyse" können dabei der Ermittlung der „Ergebnisqualität" zugeordnet werden.

Während die „Ergebnisevaluation" sich mit den Wirkungen, das heißt mit der „Effektivität" von durchgeführten Dienstleistungen befasst, steht bei der „Kosten-Nutzen-Analyse" die Ermittlung der „Effizienz", das heißt Wirtschaftlichkeit, der Maßnahmen im Vordergrund.[233] Somit können beispielhaft folgende Fragestellungen zur Durchführung der „Ergebnisevaluation" in Form eines „Soll-Ist-Vergleiches" operationalisiert werden:

➢ Welchen konkreten Nutzen haben die Führungskräfte von bestimmten Schulungen?
➢ Ist die Anzahl der Alkoholiker im Betrieb zurückgegangen?
➢ Verlaufen die Therapien erfolgreicher, das heißt nachhaltiger oder schneller?
➢ Ist die Quote der Fehlzeiten rückläufig?[234]

Ihre praktische Ausgestaltung findet die Evaluation in der Erstellung und Auswertung von mündlichen und schriftlichen Befragungen. Weiterhin kann, wie in 2.4.3. und 3.2.4. kurz skizziert, über die Durchführung einer „Kosten-Nutzen-Analyse" die Effizienz der Maßnahmen der MBSA ermittelt werden. Wenn auch, wie eingangs erwähnt, das Problem der Bewertung von Kosten und Nutzen der sozialen Dienstleistungen schwieriger erscheint als die Bewertung von Kosten und Nutzen einer Güterproduktion, so gibt es dennoch Möglichkeiten der Bewertung. In diesem Zusammenhang soll folgende Sichtweise angeführt werden:

> „Vor der Erstellung einer Kosten-Nutzen-Rechnung ist es daher wesentlich, sich über Ziele der Interventionen klar zu sein und der damit verbundenen Mess- und Erfolgskriterien. Auf der Kostenseite einer Berechnung schlagen sich eingesetzte Ressourcen wie Personal-, Raum- und Materialkosten nieder, auf der Nutzerseite z.B. Zugewinne oder Ko-

---

[232] Vgl. Albrecht; Groenemayer; Stalberg. 1999 S. 908 - 914.
[233] Vgl. Albrecht; Groenemayer; Stalberg. 1999 S. 908 ff.
[234] Vgl. Klein-Schneider.1995. S. 9 ff.

steneinsparungen wie solche durch niedrige Fehlzeiten, höhere Produktivität, Opportunitätskosten."[235]

Aus Platzgründen können hier keine konkreten „Kosten-Nutzen-Rechnungen" angeführt werden. Dennoch dürfte deutlich geworden sein, dass mit Hilfe des Qualitätsmanagements kontrolliert werden kann und muss, ob die angestrebten Ziele auch erreicht werden konnten. Es ist also wichtig, dass Kosten-Nutzen-Verhältnis der Zielerreichung zu eruieren, und für den Auftraggeber und zur eigenen Übersicht transparent zu gestalten. Die Qualität von sozialen Dienstleistungen lässt sich weiterhin durch die Methode des „Benchmarking" optimieren. Hierbei werden die „Leistungen" von vergleichbaren Einrichtungen bzw. Diensten mit den eigenen Erfolgen verglichen.[236] Weiter heißt es: „Durch den Vergleich wird versucht die besten Methoden und Arbeitsweisen herauszufiltern und diese dann in die eigene Arbeit mit einfließen zu lassen."[237]

### 3.3.7. Rechtsgrundlagen und Vertragsgestaltung

In diesem Punkt sollen abschließend mögliche Eckpunkte der Vertragsgestaltung entwickelt werden, die als wesentliche Grundlage für die Arbeit der MBSA erachtet werden. Dabei wird auf die Bereiche Geheimhaltung bzw. Schweigepflicht der Berater, auf mögliche Vertragsarten sowie auf Zusatzvereinbarungen eingegangen.
Da, wie erwähnt, der Aufbau einer Vertauensbasis als wesentliche Arbeitsgrundlage der BSA angesehen wird, ist zunächst auf das Instrument ihrer Sicherung einzugehen. „Inhaber von Vertrauensberufen nach § 203 Abs. (1) Ziffer 5 StGB unterliegen der als Schweigepflicht bezeichneten Verpflichtung zur Geheimhaltung über ein zum persönlichen Lebensbereich gehörendes Geheimnis (...)"[238], das ihnen im Rahmen ihrer Arbeit anvertraut wurde. Nach Judis muss allerdings die Bestimmung des § 203 StGB in zwei Ebenen von Verpflichtungen aufgeteilt werden. Zum einen wird hier die „unbefugte" Weitergabe von „Betriebs- oder Geschäftsgeheimnissen" und zum

---

[235] Eckardstein, Dodo von und andere: Psychische Befindensbeeinträchtigungen und Gesundheit im Betrieb. Wien. 1995. S. 317. Zitiert nach: Stoll. 2001. S. 180.

[236] Vgl. Steinmetz. 2001c. S. 66.

[237] Steinmetz. 2001c. S. 66.

[238] Judis, Frank: Arbeits- und dienstrechtliche Besonderheiten der Rechtsstellung betrieblicher Sozialarbeiter. In: Jente, Charlotte; Judis, Frank; Meier, Ralf; Steinmetz, Susanne; Wagner, Stephan F. (Hrsg.): Betriebliche Sozialarbeit. Freiburg im Breisgau. 2001. S. 167 f.

anderen die „unbefugte" Weitergabe von „persönlichen Geheimnissen" an Dritte sanktioniert.[239]

Zum besseren Verständnis wird folgende Erklärung wiedergegeben:

> „Die erstere Verpflichtung hat das Verhältnis Beschäftigter – Arbeitgeber/Dienstherr im Blick, die letztere das Verhältnis Inhaber Vertrauensberuf – Klient beziehungsweise Patient."[240]

Auf die Problematik der „Betriebs- und Geschäftsgeheimnisse" wurde bereits in 3.3.4. bei dem geschilderten Aufbau von „Verbundsystemen" durch externe Beratungen hingewiesen. Dieser Punkt muss in die Vertragsgestaltung gesondert aufgenommen und ausformuliert werden. Die Regelung für „Inhaber" von „Vertrauensberufen" stellt die „unbefugte" Weitergabe von „Privatgeheimnissen" unter Strafe. Die Einhaltung dieser Regelung wird auch vor der Weisungsbefugnis des Arbeitgebers/Dienstherren geschützt, denen der betriebsintern tätige SA/SP unterliegt. Diese Verpflichtung bezieht sich auf SA/SP mit staatlicher Anerkennung, was „Praktikanten" nach „§ 203 Abs. (3) i.V. m. Abs. (1) Ziffer 5 StGB" mit einschließt. Die Verpflichtung zur Geheimhaltung verweist auf die Person, das heißt auf die spezifische Ausbildung des SA/SP, und nicht auf die Beratungseinrichtung. Genau genommen darf bereits die Information, dass ein Mitarbeiter die Beratung aufgesucht hat, nicht an den Arbeitgeber weitergegeben werden, es sei denn der Adressat der Beratung entbindet den SA/SP von seiner Schweigepflicht. Da, wie in 3.3.3. erwähnt, auch andere Berufsgruppen, wie zum Beispiel Facharbeiter als mögliche Berater in Frage kommen, bei denen keine staatliche Anerkennung vorliegt, muss ein entsprechender Passus zur Regelung der „Geheimhaltungsverpflichtung" dieser Personen in den Vertrag aufgenommen werden.[241]

---

[239] Vgl. Judis. 2001. S. 167.
[240] Judis. 2001. S. 167.
[241] Vgl. Judis. 2001. S. 168 ff.

Dabei wird folgende Formulierung vorgeschlagen: „Die (Vertragsparteien, d.Verf.) sind sich darüber einig, dass Frau/Herr... unter Schweigepflicht arbeitet."[242] Auch für Suchtkrankenhelfer oder sonstige betriebsinterne Helfer sind nach „§ 87 Betr. VG" im Rahmen von Betriebsvereinbarungen oder nach „§ 203 Abs. 3 StGB" entsprechende Regelungen zu formulieren.[243] Mit dem folgend angeführten Zitat zur Vertragsgestaltung wird auch der Übergang in den Bereich der Vertragsarten markiert:

> „Soweit der betriebliche Sozialarbeiter selbstständig, sei es als freier Mitarbeiter, sei es als Mitgesellschafter eines entsprechenden Unternehmens, welches ambulante Dienste der betrieblichen Sozialarbeit anbietet, tätig ist, richten sich seine Rechtsbeziehungen zum Auftraggeber nach dem jeweils abgeschlossenen Vertrag und den darin festgelegten Rechten und Pflichten, hilfsweise im Regelfall nach dem Dienstvertragsrecht."[244]

Für den Abschluß von Dienstverträgen sind die Regelungen nach „§ 611 ff. BGB" maßgebend. Weiterhin besteht grundsätzlich die Möglichkeit, den Vertrag zwischen der MBSA und einem zu beratenden Unternehmen in Form eines Werkvertrages nach „§ 631 ff. BGB" abzuschließen. Ohne hier näher auf die Bestimmungen und auf die einzelnen Vor- und Nachteile aus beiden Vertragsarten einzugehen, muss an dieser Stelle ein prägnanter Unterschied zwischen beiden Vertragsarten näher betrachtet werden.

Während der Anbieter bei einem Dienstvertrag nach „§ 611 BGB" dem Auftraggeber lediglich die „Leistung" des versprochenen Dienstes, das heißt die Durchführung von vereinbarten Maßnahmen schuldet wird er nach der Regelung des Werkvertrages nach „§ 631 BGB" zur „Herstellung" des „versprochenen Werkes" verpflichtet. Hier wird also ein genau definiertes Ergebnis eingefordert, von dem auch die Verpflichtung zur Vergütung abhängig ist. Wenn auch in 3.2.5. und 3.3.6. die Zielbestimmung als wichtiges Element der erfolgreichen Arbeit der MBSA bezeichnet wurde, so lässt sich dennoch wohl kaum exakt vorhersagen, dass zum Beispiel die Fehlzeiten auch tatsächlich um 10% reduziert werden können. Dieser Tatsache trägt dem Umstand Rechnung, dass die MBSA mit Menschen arbeitet, deren Entwicklung unabhängig vom Input und Intention des SA/SP sehr unterschiedlich verlaufen kann. Wenn auch grundsätzlich beide Vertragsarten in Frage kommen, so wird für den Fall der MBSA der Dienstvertrag nach „§ 611 BGB" als Vertragsart bevorzugt.

---

[242] Judis. 2001. S. 169.
[243] Vgl. Freytag. 1990. S. 290.
[244] Judis. 2001. S. 167.

Abschließend soll über die eingangs nach „§ 203 BGB" erläuterten Aspekte und Bestimmungen aus „§ 611 BGB" hinaus eine Auflistung von weiteren möglichen Einzelaspekten von Vertragsvereinbarungen aufgezeigt werden, deren Inhalt bei der Konkretisierung näher auszugestalten ist:

➤ Definition des Handlungsspielraumes der MBSA bezüglich der Interventionsmethoden (s. 3.2.5.)
➤ Freistellungsregelungen (s. 3.2.7.)
➤ Bereitstellung von betrieblichen Mitteln wie Räumlichkeiten und Schulungsmaterialien (s. 3.3.2.)
➤ Form und Meßbarkeit bzw. Qualifizierung von Erfolgsnachweisen (s. 3.3.6.)

## 3.4. Realisierungschancen

Eine Einschätzung über die Realisierungschancen zur Implementierung der MBSA ist bereits in der ersten Planungsphase wichtig. Damit sollen frühzeitig mögliche Hindernisse die einer Realisierung entgegenstehen diskutiert sowie mögliche Reaktionen daraufhin in Erwägung gezogen werden.

### 3.4.1. Mögliche Widerstände

Mögliche Widerstände können unter anderem aus folgenden Umständen erwachsen und somit auf den nachstehenden Ebenen lokalisiert werden:

➤ Mißtrauen der Adressaten bzw. Angst vor Stigmatisierung.
➤ Unzureichende Zusammenarbeit mit den innerbetrieblichen Stellen infolge von Interessenskonflikten und fehlender Akzeptanz der MBSA.
➤ Unzureichende Zusammenarbeit mit den außerbetrieblichen Stellen infolge von Konkurrenzängsten der etablierten externen Träger von Sozialer Arbeit.

Da auf die ersten beiden Punkte bereits in 3.2.6 sowie in 2.4.2. und 3.2.5. hingewiesen wurde, soll nun vorrangig die zuletzt erwähnte Problematik durch die Schilderung der Erfahrung eines externen Anbieters näher beleuchtet werden:

> „Bereits in der Planungsphase Anfang 1987 und danach in zunehmenden Maße eröffnete sich allen Mitarbeitern die ganze Fülle von Dienstleistungsangeboten öffentlicher, gemeinnütziger und privatwirtschaftlicher Träger, die zunächst unser Dienstleistungsangebot als konkurrierend bezeichneten."[245]

---

[245] Werber. 1988. S. 223.

Gleichzeitig beklagten die oben erwähnten Stellen, dass ihre Angebote von den Adressaten nicht angenommen werden und das diese häufig „nicht früh genug" kommen und nicht ausreichend informiert sind, so Werber.[246] Wenn auch dieses Konkurrenzverhältnis nicht direkt Widerstände gegen die MBSA auslöst, so könnte sich dennoch indirekt ein feindliches Klima innerhalb der Trägerlandschaft der Sozialen Arbeit, insbesondere in kleineren bis mittelgroßen Kommunen, negativ gegenüber den Aktivitäten der MBSA auswirken. Somit geht es also darum, zumindest eine Akzeptanz für die Aktivitäten der MBSA bei den übrigen Trägern zu schaffen. Auf den theoretischen Hintergrund und die Umsetzung und Durchführung von akzeptanzschaffenden und kooperativen Maßnahmen wird im nächsten Kapitel eingegangen.

### 3.4.2. Case Management und Netzwerkaufbau als Instrumente zur Realisierung von Konzepten

Zur Überwindung der oben aufgeführten Widerstände zur Implementierung und Umsetzung des Interventionsspektrums der MBSA kann auf das Handlungsmodell des Case Management zurückgegriffen werden. Bereits in 3.2.3. als methodisches Vorgehen benannt, werden hierbei diese und andere Ebenen ausdrücklich als Handlungs- oder Entwicklungspotential der Adressaten von Sozialer Arbeit betrachtet. Einleitend soll folgende Definition angeführt werden:

> „Case Management ist ein rationales Verfahren, das durch die Zusammenarbeit von mehreren Beteiligten sowie durch Koordination in Ressourcennutzung und Leistungserbringung, die Klienten unterstützen soll, ihre Lage zu bewältigen."[247]

Die Ressourcen, bzw. dass die Adressaten umgebende Ressourcensystem, sind durch den Aufbau von Netzwerken für die Soziale Arbeit nutzbar zu machen. Folgende Formen von Netzwerken bzw. von Ressourcen werden dabei unterschieden:

➢ Die „individuellen Ressourcen" der Adressaten, zum Beispiel besondere Fähigkeiten.

➢ Die „informellen Ressourcen" der Adressaten, zum Beispiel familiäre Stützsysteme.

➢ Die formellen bzw. „professionellen Ressourcen", zum Beispiel institutionelle Hilfsangebote in Form von „Fachdiensten".[248]

---

[246] Vgl. Werber. 1988. S. 223.
[247] Stoll. 2001. S. 84.

Dabei liegt im Folgenden der Schwerpunkt der Ausführungen in der Darstellung von Kooperationen mit bereits vorhandenen Diensten. Auf die Erschließung bzw. auf die Arbeit mit „individuellen" und „informellen" Ressourcen bzw. Netzwerken wird an anderer Stelle eingegangen. Einleitend soll zur Darstellung der Intervention bezüglich der in 3.4.1. beschriebenen Problematik die folgende Definition angeführt werden, bei der eine Reduktion auf die zuletzt genannte Form der „Netzwerkgestaltung" vorgenommen wird:[249]

> „Oft geht es hier vor allem um die Erreichung von Kooperation und Koordination informeller und formeller Dienste und die Ausschaltung gegenläufiger und immer wieder kontraproduktiver Interventionen einzelner Einflußinstanzen. In diesem Ansatz einer sogenannten >>community-network-therapy<< werden große Teilbereiche einer Gemeinde sowie die formellen Versorgungsinstanzen in die Veränderung von Hilferessourcen, bezogen auf eine betroffene Person oder Gruppe, einbezogen (...)."[250]

Die vorstehend aufgeführte Intention zur wirkungsvolleren Zusammenarbeit verschiedener Instanzen kann hier auch auf den innerbetrieblichen Kontext bezogen werden. Damit sind die professionellen Netzwerke der BSA bzw. MBSA, wie in den einzelnen Tätigkeitsbereichen und in 3.4.1. angedeutet, wiederum in betriebsinterne und -externe Stellen zu unterscheiden. Laut Werber ist es besonders für eine externe BSA wichtig, auf die etablierten Trägereinrichtungen zuzugehen und diese von den Vorteilen, die durch die MBSA entstehen können, zu überzeugen.[251] Dabei wird folgende Position vertreten: „Wir sehen uns nicht in Konkurrenz zu bestehenden Einrichtungen, sondern wollen über sie informieren und zu ihrer Nutzung motivieren."[252] Ausgehend von dieser Orientierung und auf Grund der in 3.4.1. aufgeführten Klagen der etablierten Einrichtungen entwirft Werber das Modell einer „Sozialdienst-Vermittlungsagentur". Dabei könnten entsprechende Einrichtungen in „Betriebs- oder Wohnungsnähe" in einer zu erstellenden Kartei erfasst und einzelfallbezogen „Erstkontakte" hergestellt werden. Der Nutzen besteht zum einen darin, den Adressaten, den Vorgesetzten oder den Betriebs- und Personalräten eine erste Orientierung über die zum Teil unüberschaubare Trägerlandschaft von sozialen Unterstützungsangebo-

---

[248] Vgl. Wendt, Wolf Rainer (Hrsg.): Unterstützung fallweise. Case Management in der Sozialarbeit. 2. Auflage. Freiburg im Breisgau. 1995. S. 22 - 26.

[249] Vgl. Nestmann, Frank: Förderung sozialer Netzwerke – eine Perspektive pädagogischer Handlungskompetenz? In: Neue Praxis. 19. Jahrgang. 1989. S. 117.

[250] Nestmann. 1989. S. 117.

[251] Vgl. Werber 1989. S. 223.

[252] Werber. 1989. S. 223.

ten zu verschaffen. Wie in 2.4.2. dargestellt, kommt der BSA bzw. der MBSA in diesem Zusammenhang eine Entlastungsfunktion zu.[253]

Zum anderen ist im Zuge einer solchen Vermittlungstätigkeit mit einer Steigerung der Frequentierung von etablierten Beratungseinrichtungen zu rechnen. Weiterhin ist für den Bereich der Einzelfallarbeit unter anderem eine „reine" Vermittlertätigkeit der MBSA auch zum Beispiel aus Gründen der fehlenden Kompetenz eines SA/SP denkbar. Zudem sollte es dem Betreffenden freigestellt werden, ob er Beratung durch einen Mitarbeiters der MBSA bevorzugt, oder ob er die Dienste einer anderen Trägereinrichtung in Anspruch nehmen möchte. In diesem Zusammenhang wird an anderen Stellen auch von einer „Wegweiser- oder Brückenfunktion" der betrieblichen Sozialarbeit gesprochen.[254] Bezüglich des Stellenwert bzw. des Nutzen möglicher Kooperationen zwischen Beratungsdiensten soll folgende Einschätzung wiedergegeben werden:

> „Erfolgreiche Interventionsprogramme haben eine große Vernetzungskompetenz. Sie sorgen für Systemklarheit und können ihre Stärken – aber auch ihre Grenzen – mit den anderen Kooperationspartnern optimal kommunizieren."[255]

Weitere Voraussetzungen für eine effektive Zusammenarbeit werden wie folgt benannt:

> ➢ „(...) Klares Profil der eigenen Stärke und Leistungsfähigkeit
> ➢ Klare Auftragsbeschreibungen
> ➢ Wissen um die Stärken der Vernetzungspartner
> ➢ Kommunikation der Schnittstellen
>
> Außerbetriebliche Kooperationspartner können Beratungsstellen, niedergelassene Ärzte, Rehabilitationskliniken, Entgiftungsstationen, Selbsthilfegruppen, Krankenversicherungen u.a. sein (...)."[256]

Als wichtige Voraussetzung zur erfolgreichen und effektiven Kooperation von Dienstleistungen zum Wohl des Adressaten von Sozialer Arbeit betont Stoll die „Absicherung" der „Notwendigkeit" und die „Eignung" von Unterstützungsleistungen,

---

[253] Vgl. Werber. 1989. S. 223.
[254] Vgl. DLH. Stand 30.01.95. S. 8. siehe auch: Hübner-Umbach; Tschambler-Mailänder. 1996. S. 138.
[255] Ziegler, Herbert: Substanzbezogene Störungen am Arbeitsplatz. Standards für Prävention und Intervention. In: Deutsche Hauptstelle gegen die Suchtgefahren (Hrsg.): Sucht und Arbeit – Prävention und Therapie substanz- und verhaltensbezogener Störungen in der Arbeitswelt. Freiburg im Preisgau. 2001. S. 49.
[256] Ziegler. 2001. S. 49.

sowie die Überprüfung, ob die Adressaten eine bestimmte Hilfe auch erhalten haben. Diese Kontrolle bzw. Koordination der „Aus- und Durchführung" entsprechender Maßnahmen wird auch als „Monitoring" bezeichnet.[257]

„Monitoring" ist vor allem bei multiplen Problemlagen wichtig. Konkrete Verfahrensanweisungen können im Zuge von den in 3.3.6. behandelten Qualitätsmanagementmaßnahmen entwickelt werden. An anderer Stelle werden ergänzend „Hilfsangebote" der „Kommunen", der „Kirchen", der „Wohlfahrtsverbände", der Arbeitsämter", der Hauptfürsorgestellen sowie der Unternehmensberater genannt, die von der MBSA und ihren Adressaten durch eine entsprechende Vernetzung genutzt werden können.[258] An dieser Stelle muss darauf hingewiesen werden, dass eine Kooperation mit den vorstehend erwähnten Trägern zunächst losgelöst von den in 3.3.4. beschriebenen Finanzierungsmöglichkeiten zu sehen ist. Das heißt, es findet hier nur eine Vermittlung statt. Es ist aber auch vorstellbar, dass beide Aspekte miteinander verbunden werden. So heißt es in diesem Zusammenhang: „Zum Teil verfügen diese Institutionen auch über Mittel, die „eingeworben" und als Kostenbeiträge bei Effizienzvergleich positiv wirksam werden."[259]

Bei entsprechender Planung und Durchführung der zuvor beschrieben Vernetzung können die Realisierungschancen der MBSA wesentlich verbessert werden. Auch die Einrichtung des in 3.3.4. beschriebenen Verbundsystems mehrerer Betriebe kann zur besseren Realisierung beitragen.

---

[257] Vgl. Stoll. 2001. S. 86.
[258] Vgl. Klein-Schneider. 1995. S. 7.
[259] Klein-Schneider. 1995. S. 7.

# 4. Schlußfolgerungen für die Profession und den Tätigkeitsbereich von SA/SP in der Betrieblichen Sozialarbeit

Bevor nun die Handlungskompetenz der SA/SP für das Tätigkeitsfeld der BSA bzw. MBSA näher bestimmt wird, soll an dieser Stelle die Begründung der in 1. vorgenommenen Zusammenfassung der Termini SA/SP geliefert werden. Eine Erklärung der in 1.1. angeführten Gleichsetzung der Begriffe „Sozialarbeit" und „Soziale Arbeit" schließt sich an. Folgend wird eine Erläuterung für die synonyme Verwendung der Termini Sozialarbeit bzw. Sozialpädagogik und damit auch eine Erklärung für die in der Praxis gängige Zusammenfassung der Berufsbezeichnungen SA/SP angeführt.

> „Bis heute besteht (...) keine Einigkeit darüber, ob unter diesen beiden Begriffen im aktuellen zeitlichen und gesellschaftlichen Kontext die selben Ziele, Aufgabenfelder und Methoden subsumiert werden können."[260]

Ohne auf eine genaue Ausdifferenzierung der Ausbildungsinhalte von Sozialarbeit bzw. Sozialpädagogik einzugehen, lassen sich doch grundsätzlich die Bereiche „Erziehung und Bildung" der Sozialpädagogik und die Bereiche der materiellen und finanziellen „Versorgungsleistungen" der Sozialarbeit zuordnen.[261] Da in den vorstehenden Ausführungen deutlich geworden sein dürfte, dass für den Tätigkeitsbereich der BSA Kenntnisse aus beiden Bereichen notwendig sind, erscheint es einsichtig, dass hier in der Praxis keine Trennung vorgenommen werden kann. Auch sind bei der konkreten Intervention Kenntnisse aus beiden Bereichen oft gleichzeitig anzuwenden, wodurch es zu einer Überschneidung sozialpädagogischer und sozialarbeiterischer Interventionen kommt. Dabei ist wichtig zu erwähnen, dass die Überschneidung in der Praxis eine differenzierte sozialarbeiterische bzw. sozialpädagogische Theorievermittlung nicht überflüssig, sondern erforderlich macht. Letztlich wird der Vorgehensweise von Stoll gefolgt, die „Ursprungsbegriffe" Sozialpädagogik und Sozialarbeit in dieser Arbeit unter der Begriffsbestimmung der „Sozialen Arbeit" zusammenzufassen.[262] Dementsprechend wird nicht der Argumentation von Meier zugestimmt, wonach die ergänzende Mitarbeit von betrieblichen Interessenvertretern an persönlichen Problemstellungen von Mitarbeitern als „soziale Arbeit" und die Arbeit von „Sozialarbeitern" als „Sozialarbeit" zu bezeichnen ist.[263]

---

[260] Stoll. 2001. S. 23.
[261] Vgl. Stoll. 2001. S. 24.
[262] Vgl. Stoll. 2001. S. 24.
[263] Vgl. Meier. 2001. S. 44.

Der oben getroffenen Festlegung folgend können beide, das heißt SA/SP als ausgebildete Fachkräfte, sowie Personen mit anderen Herkunftsberufen wie zum Beispiel Facharbeiter und Meister im Bereich der Sozialen Arbeit tätig sein, wobei, und hier ist Meier zuzustimmen, für bestimmte Problemstellungen die spezielle, professionelle Kompetenz von SA/SP von Nöten ist. Weiterhin sind nach Meier auch Personen aus anderen Helferberufen wie zum Beispiel Diplompädagogen und Diplompsychologen häufig in der Sozialen Arbeit und damit auch in der BSA tätig.[264]

## 4.1. Anforderungsprofil und professionelles Selbstverständnis des SA/SP in der Betrieblichen Sozialarbeit

In diesem Punkt soll eine Unterscheidung der wichtigsten Kenntnisse des SA/SP zu bestimmten Aufgabenbereichen und der Grundhaltung des SA/SP bei der Arbeit mit Adressaten der BSA vorgenommen werden. Eine Auswahl der geforderten Kenntnisse wird wie folgt angeführt:

- „Kenntnisse über Dynamiken in sozialen Systemen
- Kenntnisse über sozial auffällige Symptome
- Fähigkeit zur Steuerung von Gruppenprozessen
- Wissen über Konfliktmanagement in Organisationen
- Kenntnisse zum Projektmanagement
- Methoden-Know-how zur Analyse und Reflexion sozialer Prozesse(...)"[265]

Auf den zuletzt genannten Aspekt wird im nachfolgenden Punkt näher eingegangen. Als weitere ergänzende und „notwendige Kenntnisse" in der BSA werden nach einer Befragung von betrieblichen Sozialdiensten durch Stoll unter anderem die folgenden Punkte genannt:

➢ Kenntnisse in der „Betriebs- und Volkswirtschaftslehre"
➢ Kenntnisse in der „Organisationsberatung" und „Organisationsentwicklung"
➢ Kenntnisse zur „Personalentwicklung" und zum „Arbeitsrecht"
➢ Kenntnisse im Bereich „Marketing" sowie „Rhetorik- und PC-Kenntnisse"
➢ Kenntnisse von „Moderations- und Präsentationstechniken"
➢ Kenntnisse über „Produktionsabläufe"[266]

---

[264] Vgl. Meier. 2001. S. 44.
[265] Lau-Villinger. 1996. S. 127.
[266] Vgl. Stoll. 2001. S. 91.

Dabei resultieren die vorstehend aufgeführten Anforderungen an die fachlichen Fähigkeiten von SA/SP vor allem aus der in 2.3.5. und 2.3.6. beschriebenen Entwicklung der „neuen" Aufgabenfelder der BSA. Abschließend soll folgendes Anforderungsprofil für den Tätigkeitsbereich der BSA wiedergegeben werden:

**„Mitarbeiter mit besonderen Fähigkeiten:**
Fähigkeit zu konzeptionellen und vernetzten Denken, Analysefähigkeit, Kreativität bei der Erarbeitung konzeptioneller Lösungen, Reflexionsfähigkeit, Kooperationsfähigkeit, Integrationsfähigkeit, Konfliktfähigkeit, Durchsetzungsvermögen, Motivationsfähigkeit."[267]

Unter den vorstehend aufgeführten Anforderungen erscheinen vor allem die „Kooperationsfähigkeit" sowie die Fähigkeit zum „vernetzten Denken" als essentiell für die in 3.4.2. beschriebene Implementation von Unterstützungsnetzwerken.

Über die fachlichen Fähigkeiten hinaus können gewisse Ansprüche an die Grund- bzw. Werthaltung des SA/SP in der Arbeit mit Zielgruppen der BSA bzw. der MBSA gestellt werden. Auf das Beispiel der in 3.4.2. beschriebenen Netzwerkarbeit bezogen, kann als Voraussetzung für eine erfolgreiche Intervention gelten, dass der SA/SP den Adressat der Unterstützungsleistung als Kompetent, das heißt als „Experten", in seiner „eigenen Sache" ansieht. Demzufolge gestaltet sich nach Stoll das „Unterstützungsmanagement" „nutzerorientiert".[268] Aus dem Aufgeführten ergibt sich folgende Sichtweise:

„Die Selbst- und Mitbestimmung ist zu achten: Was getan wird, ist mit dem Klienten zu vereinbaren. Bei der Erstellung der Dienstleistungen sind die Fachkräfte auf die Mitwirkung der Klientinnen angewiesen; diese sind MitproduzentInnen."[269]

Nach Stoll sind in diesem Zusammenhang die Adressaten bei der „Wahrnehmung" ihrer „eigenen Ressourcen" durch die Methode des „Empowerment" zu unterstützen.[270] Nach Galuske ist unter dem Begriff „Empowerment" eine „professionelle" Haltung von SA/SP zu subsumieren, die sich durch folgende Zielsetzung auszeichnet:[271]

- „von der Defizitorientierung zur Förderung von Stärken (...);
- von der Einzelförderung zur Stärkung von Individuen in Gruppen und (politischen) Kontexten (...);

---

[267] Bremmer. 08.09.01. S. 6.
[268] Vgl. Stoll. 2001. S. 84 f.
[269] Stoll. 2001. S. 85.
[270] Vgl. Stoll. 2001. S. 88.
[271] Vgl. Galuske, Michael: Methoden der Sozialen Arbeit. Eine Einführung. 2. Auflage. Weinheim; München. 1999. S. 230.

- von der Beziehungsarbeit zur Netzwerkförderung (...).“[272]

Grundvoraussetzung für eine ressourcenorientierte und ganzheitliche Arbeit ist es, nicht einer „Manipulationsverführung" bei der „Aufgabenstellung" bzw. bei der Auftragserteilung zu erliegen. Die Wahrnehmung von „Problemsituationen" kann sich nicht, wie in 3.2.5. skizziert, darauf beschränken von „einer wahren" Sichtwiese auszugehen bzw. diese zu übernehmen und somit ein bestimmtes unerwünschtes aber störendes Verhalten „in den Griff" bekommen zu wollen. Vielmehr geht es darum, eine bestimmte Sichtweise als „eine" mögliche, aber eben nicht als einzig wahre zu begreifen. Die vorstehend beschriebene Wahrnehmung von sozialen Bedingungsgefügen wird in diesem Zusammenhang, wie unter anderem in 2.5. erwähnt, als „systemische Sichtweise" bezeichnet.[273] Dem oben beschriebenen Verständnis liegt – bezüglich dem handlungsleitenden Menschenbild – die folgend wiedergegebene Einstellung zu Grunde:

„Dieses systemische Menschenbild, sieht auf christlicher oder humanistischer Grundlage, immer die Ganzheit des Individuums (in all seinen Lebensbezügen d.Verf.).“[274] Bei diesem Verständnis von sozialen Wechselwirkungen wird von Seiten der SA/SP ein Wechsel von „Bezugssystemen" und „Sichtweisen" vorgenommen, was wiederum folgende Grundhaltungen impliziert.[275] Konflikte werden zum Beispiel im System Betrieb in der unten beschriebenen Weise gedeutet. Das erleichtert dem SA/SP eine vorurteilsfreie Annahme der Situation und damit ihre Einschätzung:

> „Damit sind Konflikte generell integrative Bestandteile dieser Systeme und keinesfalls irgendwelche pathologischen Erscheinungen, die sich im Umfeld dieser Systeme stellen.“[276]

Diese Haltung impliziert wiederum die Vorstellung, dass Konflikte „prinzipiell veränderbar" sind.[277] Die Möglichkeit der Veränderung wird durch die Bildung einer „Hypothese" positiv beeinflusst, da die „Hypothese" im Gegensatz zur Analyse weniger starr und „nur" als erste Orientierung verstanden wird, die jeder Zeit wieder

---

[272] Galuske. 1999. S. 231.

[273] Vgl. Van der Laan, Karin: Von der „Menschenkenntnis zur „sozialen Kompetenz". Was die Sozialwissenschaften einem Wirtschaftsunternehmen anbieten können: Theorien, Konzepte, Werte. In: Blätter der Wohlfahrtspflege. Heft 5. 143. Jahrgang. 1996. S.129 f.

[274] Herrmann, Manfred: Soziale Dienste im Unternehmen. Ludwigsburg; Berlin. 1994. S. 12.

[275] Vgl. Herrmann. 1994. S. 26.

[276] Herrmann. 1994. S. 23.

verworfen werden kann. Dabei bemißt sich der Wert einer „Hypothese" daran, ob ihre Aussage für die Systembeschreibung bzw. die Problemlösung nützlich ist.[278]

Somit ist auch die systemisch intendierte Intervention nicht als eine durch das Ergebnis zu bestimmende Einflußnahme auf ein System, zum Beispiel den Adressat, zu sehen, sondern immer nur als Möglichkeit, durch Anregungen von Außen, zum Beispiel durch SA/SP, eingefahrene Muster zu verändern. Es ist also intendiert, die „Zahl" der „Möglichkeiten" für den Adressaten zu vergrößern.[279] Die Entscheidung zur Veränderung trifft, bezogen auf die Einzelfallarbeit, letztlich der Adressat selbst, in dem er bestimmt ob für ihn eine bestimmte Deutung des SA/SP „anschlussfähig", also sinnvoll ist oder nicht.[280]

Damit gibt es im systemischen Beratungskontext keine richtigen oder falschen, sondern nur nützliche oder weniger nützliche Interpretationen und Interventionen. Mit dieser „Problemsicht" kann auf beiden Seiten dem Zustand der Ohnmacht bzw. der Handlungsunfähigkeit entgegengewirkt werden. Diese „Problemsicht" ist quasi die weiterführende Schlußfolgerung zu der weiter oben postulierten Forderung, die Betroffen als die „Experten" ihrer „eigenen" Sache zu betrachten.

Letztlich scheint eine wertschätzende, akzeptierende Grundhaltung von Seiten des SA/SP gegenüber Systemen mit denen sie arbeiten als essentiell, um als Berater flexibel und damit kreativ zu sein bzw. zu bleiben. Von Schlippe und Schweitzer unterstreichen in diesem Zusammenhang die Wichtigkeit einer neutralen Haltung der Berater gegenüber „Personen", gegenüber „Problemen" und „Symptomen" und gegenüber „Ideen".[281] Wenn diese Neutralität, aus welchen Gründen auch immer, von Seiten der SA/SP nicht gewahrt werden kann, ist zu überlegen, ob der Kontrakt nicht besser aufgelöst bzw. gar nicht erst geschlossen werden sollte. Die in diesem Punkt postulierten Grundannahmen bzw. Zielsetzungen können quasi als Voraussetzung bezüglich der Anwendung von handlungsleitenden Methoden bzw. Techniken in der Sozialen Arbeit bezeichnet werden.

---

[277] Vgl. Von Schlippe, Arist; Schweitzer, Jochen: Lehrbuch der systemischen Therapie und Beratung. 5. Auflage. Göttingen. 1998. S. 103.
[278] Vgl. Von Schlippe; Schweitzer. 1998. S. 117.
[279] Vgl. Von Schlippe; Schweitzer. 1998. S. 52.
[280] Vgl. Bartelmeß, Manuel: Systemische Beratung. Eine Einführung für psychosoziale Berufe. Weinheim; Basel. 1999. S. 87.
[281] Vgl. Von Schlippe; Schweitzer. 1998. S. 119 f.

## 4.2. Handlungsleitende Methoden

In diesem Punkt sollen nun exemplarisch ausgewählte handlungsleitende Methoden skizziert werden. Aufgrund der Komplexität das Aufgabenfeldes der BSA bzw. MBSA muss hier eine Auswahl getroffen werden. Ausgehend von den in 4.1. erarbeiteten Fähigkeiten und Haltungen der SA/SP sind einschlägig bekannte Methoden der Sozialen Arbeit für den konkreten Fall bzw. Auftrag der MBSA auszuwählen und inhaltlich auszugestalten, auf die hier nicht eingegangen werden kann.

In Anlehnung an die „Familientherapie", die nach Galuske unter die „klientenbezogenen" Methoden einzuordnen ist, soll hier eine weiterentwickelte Methode in Anknüpfung an den systemischen Beratungskontext und eine Auswahl der dazu gehörigen Techniken vorgestellt werden. Der Systematik von Galuske folgend, kann auch das „Case Management" als „klientenbezogene" Methode klassifiziert werden.[282] Um die in 3.4.2. dargestellten Handlungsstrategien wissenschaftstheoretisch zu untermauern, wurde diese Methode jedoch vorwegnehmend angeführt. Nachstehend wird nun beispielhaft das Ziel und die Arbeitsweise der „Kurztherapie" vorgestellt, die ein „lösungsorientiertes Vorgehen" beinhaltet.[283] Dabei wird von folgender Definition ausgegangen:

> „Sie ist dabei nicht eine Therapieform, die sich durch „weniger vom selben" auszeichnet, sondern der Effekt der Kürze entsteht dadurch, dass das, was KlientInnen an Potentialen bereits in sich tragen, genutzt wird, um ihre Bedürfnisse so zu erfüllen, dass sie ihr Leben zu ihrer Zufriedenheit gestalten können."[284]

Im Unterschied zu anderen Formen von Therapiesitzungen oder Beratungsgesprächen besteht die Technik dieser Methode weniger darin, die Vergangenheit innerpsychisch zu analysieren, um den Ursprung einer Problematik zu ergründen. Vielmehr werden hier zusammen mit dem Adressat „Ausnahmen", das heißt beschwerdefreie Zeiträume untersucht, um darauf aufbauend weitere Bewältigungstrategien zu entwickeln.[285] Innerhalb der „systemischen Intervention" kommt daher der Technik der „Umdeutung – Reframing" ein besonderer Stellenwert zu. Hierbei wird einer Situation ein anderer Sinn beigemessen, in dem das Geschehen in einen anderen „Rahmen (engl.

---

[282] Vgl. Galuske. 1999. S. 152.
[283] Vgl. Stoll. 2001. S. 79.
[284] Stoll. 2001. S. 79.
[285] Vgl. Stoll. 2001. S. 80.

>>frame<<) gestellt wird und sich somit die Bedeutung des Sachverhaltes ändert.[286] Folgende Entwicklung ist hierbei intendiert:

> „Die wichtigste Funktion eines Reframings ist die Verstörung der bisherigen Sicht der Dinge. Wenn >>alles auch anders sein<< könnte, anders gesehen werden könnte, ist schon viel dafür getan, daß die Dinge nicht mehr so festgefahren und rigide erlebt werden wie bisher."[287]

Aus Platzgründen kann hier nicht näher auf die Ausgestaltung dieser Methode eingegangen werden. Letztlich sind die in 3.4.2. genannten individuellen Ressourcen auf Basis der vorstehend beschriebenen Werthaltungen, Techniken bzw. Methoden gemeinsam mit dem Betroffenen zu erschließen. In diese Intervention können auch die in 3.2.3. und 3.4.2. genannten Ressourcen des „informellen" Netzwerkes, das heißt die Arbeit mit Familienangehörigen, zum Beispiel bei einer akuten Suchtproblematik, mit einbezogen werden. Es soll allerdings nicht der Eindruck erweckt werden, dass systemische Interventionen nur in der Einzelfallarbeit Anwendung finden. Diesbezüglich wird folgende Sichtweise angeführt:

„Adressatensysteme systemischer Beratung können sowohl einzelne als auch Sozialsysteme bzw. psychosoziale Einheiten sein."[288] Somit sind als mögliche „Anwendungsfelder" systemischer Intervention neben den klassischen Methoden der Sozialen Arbeit, wie die Einzelfall-, Gruppen- und Gemeinwesenarbeit, die in 2.3.5. beschriebene „Organisationsberatung" sowie das professionelle „Reflexionsinstrument" „Supervision" zu nennen.[289] Die Supervision ist nach Galuske unter die „professionsbezogenen" Methoden der Sozialen Arbeit einzuordnen, und soll hier als weitere Methode skizziert werden.[290]

Unter „fachkundiger Anleitung" soll hier dem SA/SP die Gelegenheit gegeben werden, über die eigene Arbeit zu reflektieren, um so seine „berufliche Kompetenz" zu erweitern. Auch soll die Supervision dem in der Sozialen Arbeit häufig vorkommenden „burn-out-Syndrom" vorbeugen. Auch im Sinne der ursprünglichen Wortbedeutung des Begriffs „Supervision" soll somit der „Supervisant" eine „Übersicht" oder ein „Überblick" über eine bestimmte Situation gewinnen.[291]

---

[286] Vgl. Von Schlippe; Schweitzer. 1998. S. 177.
[287] Von Schlippe; Schweitzer. 1998. S. 180 f.
[288] Bartelmeß. 1999. S. 83.
[289] Vgl. Bartelmeß. 1999. S. 83.
[290] Vgl. Galuske. 1999. S. 152.
[291] Vgl. Galuske. 1999. S. 253 f.

Unter systemischer Betrachtungsweise „(...) geht es also um Beobachtungen zweiter Ordnung, das heißt: um das Beobachten von BeobachterInnen."[292] Die in 4.1. geforderte „Reflexionsfähigkeit" bzw. -bereitschaft findet in der regelmäßigen Inanspruchnahme dieser Methode durch SA/SP ihren Niederschlag. Die Funktion dieser Methode, die in der Praxis auch als eigenständiges Arbeitsfeld vorkommt, kann dabei in der konkreten „Fallarbeit", der Schulung von „Selbstwahrnehmung" und „Rollenzuschreibung" sowie in der Analyse von Organisationsstrukturen liegen. Weiter lassen sich bezüglich des „Settings" die „Einzel"-, die „Gruppen"- und die Teamsupervision unterscheiden. Weiter ist die „kollegiale" oder auch „(peer group supervision)" als besondere Form der „Gruppensupervision" zu nennen. Es handelt sich hierbei um einen Praxisaustausch von „sozialen Fachkräften" ohne die Leitung eines „externen Supervisors".[293]

In diesem Zusammenhang wird nach der Rahmenkonzeption des Berufsverbandes betriebliche Sozialarbeit e.V. für das Arbeitsfeld der BSA neben der Supervision der kollegiale Austausch mit „Fachkollegen" in Arbeitskreisen und Fachtagungen sowie eine ständige „fachbezogene" „Fort- und Weiterbildung" gefordert, um das „berufliche Handeln" reflektiert und qualifiziert ausüben zu können.[294] Nach Herrmann sind „Zusatzausbildungen" in den Bereichen der „Familientherapie" und der Gesprächsführung sowie eine Zusatzausbildung als „Suchttherapeut" häufig im „Kollegium" der betrieblichen Berater anzutreffen.[295]

Nach Wagner ist gerade die Supervision, die Fortbildung und die Vernetzung mit Kollegen eine wichtige Voraussetzung für die betriebliche Sozialberatung, um den hohen Ansprüchen in der Praxis gerecht zu werden. Da hier die SA/SP in der Regel als „Einzelkämpfer" und weniger in Teams tätig sind, wird an dieser Stelle die Wichtigkeit der gegenseitigen Unterstützung betont.[296] Wenn auch für die Arbeit der MBSA eine Teamkonstellation durchaus denkbar und angestrebt ist, so wird dennoch die Übertragbarkeit der vorstehend aufgeführten Forderungen von der betriebsinter-

---

[292] Kleve, Heiko: Konstruktivismus und Soziale Arbeit. Die konstruktivistische Wirklichkeitsauffassung und ihre Bedeutung für die Sozialarbeit/Sozialpädagogik und Supervision. Aachen. 1996. S. 56.

[293] Vgl. Galuske. S. 255 f.

[294] Vgl. Diefenbach, Sabine; Maiwald, Ursula; Keßel, Wolfgang: Rahmenkonzeption für das Arbeitsfeld Betriebliche Sozialarbeit. In: bbs e.V. Hannover. (Hrsg.). 1995. S. 6.

[295] Vgl. Herrmann. 1994. S. 93.

[296] Vgl. Wagner, Stefan F.: Einzelfallarbeit/Case Work. In: Jente, Charlotte; Judis, Frank; Meier, Ralf; Steinmetz, Susanne; Wagner, Stephan F. (Hrsg.): Betriebliche Sozialarbeit. Freiburg im Breisgau. 2001b. S. 153 f.

nen auf die betriebsexterne BSA gesehen. Somit ließen sich diese „professionsbezogenen" Anforderungen durchaus auch, wie in 3.3.6. aufgeführt, in der konkreten Ausgestaltung von „Qualitätssicherungsmaßnahmen" verwirklichen.

# 5. Schlußbetrachtung

In der vorliegenden Studie sollte ein möglichst fundierter Überblick über das Aufgabenfeld der BSA und den damit verbundenen Schwierigkeiten, mit denen sich SA/SP in diesem Bereich der Sozialen Arbeit auseinander setzen müssen, gegeben werden. Das besondere Spannungsfeld zwischen Wirtschaftlichkeit und sozialer Unterstützung, in dem sich SA/SP im Arbeitsfeld der BSA bewegen, sowie mögliche professionelle Reaktionen darauf, sollten hier aufgezeigt werden. Ein weiterer Schwerpunkt in den Ausführungen lag in der Übertragung des Erarbeiteten auf die „besonderen Verhältnisse" der zu entwerfenden Konzeption der MBSA als Form einer externen Betrieblichen Sozialarbeit. Dabei zog sich die systemische Sichtweise bezüglich der Arbeitsweise und des Helferverständnisses durch die gesamte Arbeit. Hierdurch sollten nicht zuletzt die zirkulären bzw. rückbezüglichen Bedingungszusammenhänge unterschiedlichster Aspekte von Aufgabenstellungen dargestellt werden.

Es ist zu hoffen, dass es gelungen ist, die komplexe Thematik der BSA und die daraus resultierenden Anforderungen an die MBSA so zu reduzieren bzw. zu differenzieren, um eine hilfreiche Orientierungshilfe für die Praxis sowie für die Konkretisierung und Verwirklichung dieser Konzeption vorlegen zu können.

Abschließend soll zum handlungsleitenden professionellen Selbstverständnis dieser Studie und für den Tätigkeitsbereich der BSA bzw. MBSA folgende Sichtweise angeführt werden:

> „Ich möchte durch meine berufliche Arbeit (...) nicht dazu beitragen, das „Instrument" (die „Ressource", den „Faktor") Mensch besser zu nutzen (auszubeuten, zu mißbrauchen). Mir geht es darum, alle Menschen in ihrem verantwortlichen beruflichen Handeln ernst zu nehmen. Dahinter steht eine Weltanschauung und ein Menschenbild, das die Grundlage meines Berufsverständnisses ist: Nach meiner Überzeugung sind alle Menschen jeweils für die Folgen ihres (beruflichen wie privaten) Handelns verantwortlich. Diese Verantwortung wird nicht von der Geschäftsleitung durch einen Humanisierungsakt verliehen. Sie ist auch keine raffinierte Technik zum Zwecke der Motivationssteigerung, sondern eine mitgebrachte Existenzberechtigung aller erwachsenen mündigen Menschen. Darin liegt unsere Partnerschaft begründet."[297]

---

[297] Van der Laan. 1996. S. 131.

# 6. Literaturverzeichnis

**Fachbücher:**

Achtenhagen, Frank; Lempert, Wolfgang (Hrsg.): Lebenslanges Lernen im Beruf. Seine Grundlegung im Kindes- und Jugendalter (II). Opladen. 2000.

Albrecht, Günter; Groenemayer, Axel; Stalberg, Friedrich: Handbuch Soziale Probleme. Opladen/Wiesbaden. 1999.

Andresen, Boy-Jürgen: Funktionen und Perspektiven betrieblicher Sozialpolitik aus Sicht der Praxis. In: Schmähl, Winfried (Hrsg.): Betriebliche Sozial und Personalpolitik. Neue Herausforderungen durch veränderte Rahmenbedingungen. Frankfurt am Main; New York. 1999. S. 41 - 53.

Baethge, Martin; Schiersmann, Christiane: Prozessorientierte Arbeits- und Betriebsorganisation – Konsequenzen für Anforderungen an „Lebensbegleitendes Lernen." In: Achtenhagen, Frank; Lempert, Wolfgang (Hrsg.): Lebenslanges Lernen im Beruf. Seine Grundlegung im Kindes- und Jugendalter (II). Opladen. 2000. S. 25 - 54.

Bartelmeß, Manuel: Systemische Beratung. Eine Einführung für psychosoziale Berufe. Weinheim; Basel. 1999.

Birner, Ursula; Fexer, Helmar: Qualitätsmanagement für soziale Einrichtungen. Entscheidungshilfe. Begriffsklärung. Grundlagen. Starnberg. 1999.

Boskamp, Peter; Knapp, Rudolf (Hrsg.): Führung und Leitung in sozialen Organisationen. Handlungsorientierte Ansätze für neue Managementkompetenz. Neuwied. 1996.

Breisig, Thomas: It`s Team Time. Kleingruppenkonzepte in Unternehmen. Köln. 1990.

Deutsche Hauptstelle gegen die Suchtgefahren (Hrsg.): Sucht und Arbeit – Prävention und Therapie substanz- und verhaltensbezogener Störungen in der Arbeitswelt. Freiburg im Preisgau. 2001.

Eckardstein, Dodo von und andere: Psychische Befindensbeeinträchtigungen und Gesundheit im Betrieb. Wien. 1995. S. 317. Zitiert nach: Stoll. 2001.

Feser, Herbert: Umgang mit suchtgefährdeten Mitarbeitern. Heidelberg. 1997.

Freud, Siegmund: Neue Vorlesungen zur Einführung in die Psychoanalyse. Ges. Werke. XV. 1933. Zitiert nach: Vgl. Lippmann, Christa: Sozialarbeit und Sozialpolitik im Betrieb. Stuttgart. 1980.

Galuske, Michael: Methoden der Sozialen Arbeit. Eine Einführung. 2. Auflage. Weinheim; Münschen. 1999.

Geisbühl, Wolfgang: Suchthilfe und Prävention im Betrieb. Ein Ratgeber. Deutscher Caritasverband, Referat Gefährdetenhilfe (Hrsg.): 3. Auflage. Freiburg im Breisgau. 2001.

Graeff, Peter: Organisationsentwicklung. In: Boskamp, Peter; Knapp, Rudolf (Hrsg.): Führung und Leitung in sozialen Organisationen. Handlungsorientierte Ansätze für neue Managementkompetenz. Neuwied. 1996. S. 193 - 127.

Graf, Pedro: Konzeptentwicklung. Alling. 1995.

Grund, Uwe; Jahn, Rolf; Dick, Ulla; Möckel, Udo; Leymann, Heinz: Mobbing. Psychoterror am Arbeitsplatz. AOK, KDA, DAG Hamburg (Hrsg.): 5. Auflage. Hamburg. 1999.

Heiderich, Ulrike; Zyska- Wagner, Willy: Von der betrieblichen Suchtberatung zum Wellness-Management? In: Deutsche Hauptstelle gegen die Suchtgefahren (Hrsg.): Sucht und Arbeit – Prävention und Therapie substanz- und verhaltensbezogener Störungen in der Arbeitswelt. Freiburg im Preisgau. 2001. S. 109 - 118.

Herrmann, Manfred: Soziale Dienste im Unternehmen. Ludwigsburg; Berlin. 1994.

Hörning, Karl Heinz; Gerhard, Anette; Michailow, Matthias: Zeitpioniere. Flexible Arbeitszeiten – neuer Lebensstil. 3. Auflage. Frankfurt am Main. 1990.

Hupfer, Kirstin: Drogenkonsum und Gefährdung am Arbeitsplatz am Beispiel der chemischen Industrie. In: Deutsche Hauptstelle gegen die Suchtgefahren (Hrsg.): Sucht und Arbeit – Prävention und Therapie substanz- und verhaltensbezogener Störungen in der Arbeitswelt. Freiburg im Preisgau. 2001. S. 129 - 144.

Jente, Charlotte; Judis, Frank; Meier, Ralf; Steinmetz, Susanne; Wagner, Stephan F. (Hrsg.): Betriebliche Sozialarbeit. Freiburg im Breisgau. 2001.

Jente, Charlotte: Alte Aufgabenfelder und neue Entwicklungen. In: Jente, Charlotte; Judis, Frank; Meier, Ralf; Steinmetz, Susanne; Wagner, Stephan F. (Hrsg.): Betriebliche Sozialarbeit. Freiburg im Breisgau. 2001. S. 21 - 21.

Judis, Frank: Arbeits- und dienstrechtliche Besonderheiten der Rechtsstellung betrieblicher Sozialarbeiter. In: Jente, Charlotte; Judis, Frank; Meier, Ralf; Steinmetz, Susanne; Wagner, Stephan F. (Hrsg.): Betriebliche Sozialarbeit. Freiburg im Breisgau. 2001. S. 167 - 170.

Kelchheuser, Ute; Bremmer Michael: Entwicklungen der Suchtkrankheit in den letzten zehn Jahren in den Unternehmen der Mitglieder des Bundesfachverbandes betriebliche Sozialarbeit (bbs) e.V. In: Deutsche Hauptstelle gegen die Suchtgefahren (Hrsg.): Sucht und Arbeit – Prävention und Therapie substanz- und verhaltensbezogener Störungen in der Arbeitswelt. Freiburg im Preisgau. 2001. S. 63 - 71.

Kerkau, Katja: Betriebliche Gesundheitsförderung. Faktoren für die erfolgreiche Umsetzung des Gesundheitsförderungskonzepts in Unternehmen. Gamburg. 1997.

Kleve, Heiko: Konstruktivismus und Soziale Arbeit. Die konstruktivistische Wirklichkeitsauffassung und ihre Bedeutung für die Sozialarbeit/Sozialpädagogik und Supervision. Aachen. 1996.

Klinger, Inis-Janine: Kosten-Nutzen-Rechnung für die Betriebliche Sozialarbeit. In: Jente, Charlotte; Judis, Frank; Meier, Ralf; Steinmetz, Susanne; Wagner, Stephan F. (Hrsg.): Betriebliche Sozialarbeit. Freiburg im Breisgau. 2001a. S.187 - 193.

Klinger, Inis-Janine: Historischer Abriss und Rechtsgrundlagen der betrieblichen Sozialarbeit. In: Jente, Charlotte; Judis, Frank; Meier, Ralf; Steinmetz, Susanne; Wagner, Stephan F. (Hrsg.): Betriebliche Sozialarbeit. Freiburg im Breisgau. 2001b.    S. 15 - 18.

Kolhoff, Ludger: Zuschüsse und Pflegesätze als öffentliche Finanzierungsformen. Herausgegeben von: Fachhochschul –Fernstudienverbund der Länder Berlin, Brandenburg, Mecklenburg-Vorpommern, Sachsen, Sachsen-Anhalt, Thüringen. Studienbrief 2 – 020 – 0903. 2000a.

Kolhoff, Ludger: Finanzierung durch die öffentliche Hand. Herausgegeben von: Fachhochschul –Fernstudienverbund der Länder Berlin, Brandenburg, Mecklenburg-Vorpommern, Sachsen, Sachsen-Anhalt, Thüringen. Studienbrief 2 – 020 – 0902. 2000b.

Kolhoff, Ludger; Vollmer Michael: Ökonomische und rechtliche Rahmenbedingungen der Existenzgründung. Herausgegeben von: Fachhochschul –Fernstudienverbund der Länder Berlin, Brandenburg, Mecklenburg-Vorpommern, Sachsen, Sachsen-Anhalt, Thüringen. Studienbrief 2 – 020 – 2202. 2001.

Kottmeyer; Astrid: Schuldnerberatung. In: Jente, Charlotte; Judis, Frank; Meier, Ralf; Steinmetz, Susanne; Wagner, Stephan F. (Hrsg.): Betriebliche Sozialarbeit. Freiburg im Breisgau. 2001. S. 135 - 136.

Krüger, Rolf: Rechtsformen und Finanzierung freier Träger der Sozialarbeit. Mechtersen. 1998.

Leymann, Heinz: Mobbing. Psychoterror am Arbeitsplatz und wie man sich dagegen wehren kann. Reinbek bei Hamburg. 1993.

Meier, Ralf: Betriebsinterne Anbindung der Betrieblichen Sozialarbeit. In: Jente, Charlotte; Judis, Frank; Meier, Ralf; Steinmetz, Susanne; Wagner, Stephan F. (Hrsg.): Betriebliche Sozialarbeit. Freiburg im Breisgau. 2001. S. 25 - 61.

Nette, Angelika; Pegel-Rimpl, Ute; Wienemann, Elisabeth: Qualitätsaspekte und Qualitätsmanagement in der betrieblichen Suchtprävention und –hilfe. In: Deutsche Hauptstelle gegen die Suchtgefahren (Hrsg.): Sucht und Arbeit – Prävention und Therapie substanz- und verhaltensbezogener Störungen in der Arbeitswelt. Freiburg im Preisgau. 2001. S. 151 - 159.

Prosch, Alexandra: Mobbing am Arbeitsplatz. Literaturanalyse mit Fallstudie. Konstanz. 1995.

Schlaugat, Kerstin: Mobbing am Arbeitsplatz. Eine theoretische und empirische Analyse. Münschen; Mering. 1999.

Schmähl, Winfried (Hrsg.): Betriebliche Sozial und Personalpolitik. Neue Herausforderungen durch veränderte Rahmenbedingungen. Frankfurt am Main; New York. 1999.

Steinmetz, Susanne: Perspektiven und neue Aufgabenfelder Betrieblicher Sozialarbeit. In: Jente, Charlotte; Judis, Frank; Meier, Ralf; Steinmetz, Susanne; Wagner, Stephan F. (Hrsg.): Betriebliche Sozialarbeit. Freiburg im Breisgau. 2001a. S. 207 - 215.

Steinmetz, Susanne: Fehlzeitenreduzierung. In: Jente, Charlotte; Judis, Frank; Meier, Ralf; Steinmetz, Susanne; Wagner, Stephan F. (Hrsg.): Betriebliche Sozialarbeit. Freiburg im Breisgau. 2001b. S. 123 - 133.

Steinmetz, Susanne: Organisation interner Dienste. In: Jente, Charlotte; Judis, Frank; Meier, Ralf; Steinmetz, Susanne; Wagner, Stephan F. (Hrsg.): Betriebliche Sozialarbeit. Freiburg im Breisgau. 2001c. S. 63 - 70.

Stoll Bettina: Betriebliche Sozialarbeit. Aufgaben; Bedeutung; praktische Umsetzung. Regensburg; Berlin. 2001.

Ulrich, Eberhard: Arbeitspsychologie. 5. Auflage 2001.

Vogel, Hans-Christoph; Bürger, Brigitte; Nebel, Georg; Kersting, Heinz J.: Werkbuch für Organisationsberater. 2. Auflage. Aachen. 1997.

Von Schlippe, Arist; Schweitzer, Jochen: Lehrbuch der systemischen Therapie und Beratung. 5. Auflage. Göttingen. 1998.

Wagner, Stefan F.: Interne Position der Betrieblichen Sozialarbeit und Zusammenarbeit mit anderen Funktionsträgern. In: Jente, Charlotte; Judis, Frank; Meier, Ralf; Steinmetz, Susanne; Wagner, Stephan F. (Hrsg.): Betriebliche Sozialarbeit. Freiburg im Breisgau. 2001a. S. 71 - 88.

Wagner, Stefan F.: Einzelfallarbeit/Case Work. In: Jente, Charlotte; Judis, Frank; Meier, Ralf; Steinmetz, Susanne; Wagner, Stephan F. (Hrsg.): Betriebliche Sozialarbeit. Freiburg im Breisgau. 2001b. S. 151 - 155.

Walter, Henry: Mobbing: Kleinkrieg am Arbeitsplatz. Konflikte erkennen, offenlegen und lösen. Frankfurt am Main. 1993.

Walter, Rüdiger: Suchtberatung. In: Jente, Charlotte; Judis, Frank; Meier, Ralf; Steinmetz, Susanne; Wagner, Stephan F. (Hrsg.): Betriebliche Sozialarbeit. Freiburg im Breisgau. 2001. S. 107 - 114.

Wanke, Klaus: Süchtiges Verhalten. Deutsche Hauptstelle gegen die Suchtgefahren (Hrsg.): Freiburg im Breisgau. 1985.

Weinert, Ansfried: Organisationspsychologie. Ein Lehrbuch. 4. Auflage. Weinheim. 1998.

Wendt, Wolf Rainer (Hrsg.): Unterstützung fallweise. Case Management in der Sozialarbeit. 2. Auflage. Freiburg im Breisgau. 1995.

Ziegler, Herbert: Substanzbezogene Störungen am Arbeitsplatz. Standards für Prävention und Intervention. In: Deutsche Hauptstelle gegen die Suchtgefahren (Hrsg.): Sucht und Arbeit – Prävention und Therapie substanz- und verhaltensbezogener Störungen in der Arbeitswelt. Freiburg im Preisgau. 2001. S. 45 - 53.

**Lexika:**

Deutsches Wörterbuch. Fremdwörterlexikon. Vaduz, Liechtenstein. 1984.

Retaiski, Herbert: Betriebliche Sozialarbeit. Deutscher Verein für Öffentliche und Private Fürsorge (Hrsg.): In: Fachlexikon der sozialen Arbeit. 4. Auflage. Frankfurt am Main. 1997.

**Fachzeitschriften:**

Appelt, Hans-Jürgen: Über Wasser halten – oder schwimmen? Wegmarken freiberuflich ausgeübter Betriebssozialarbeit. In: bbs-forum. Heft 2. 3. Jahrgang. 1996. S. 8 - 12.

Blandow, Jürgen: Betriebliche Sozialarbeit – Von der Fabrikpflege auf dem Weg wohin? In: Theorie und Praxis der Sozialen Arbeit. Heft 8. 44. Jahrgang. 1993. S. 312 - 319.

Böckmann, Detlef; Krüger, Jürgen: Schulnerberatung am Arbeitsplatz. Die betriebliche Sozialberatung vor neuen Aufgaben. In: Blätter der Wohlfahrtspflege. Heft 5. 143. Jahrgang. 1996. S. 142 - 143.

Bös, Klaus; Gröben, Ferdinand: Betriebliche Gesundheitsförderung. Eine Umfrage zum aktuellen Stellenwert und zu Perspektiven. In: Prävention. Heft 1. 18. Jahrgang. 1995. S. 11 - 14.

Deimbacher, Wolfgang: Betriebliche Sozialarbeit – in Österreich das Aschenputtel der Sozialarbeit. In: Sozialarbeit in Österreich. Heft. 2. Jahrgang 2001. S. 18 - 22.

Demmer, Hildegard; Bindzius, Fritz: Gesundheitsförderung in der Arbeitswelt. In: Prävention. Heft 2. 19. Jahrgang. 1996. S. 55 - 57.

Diefenbach, Sabine; Maiwald, Ursula; Keßel, Wolfgang: Rahmenkonzeption für das Arbeitsfeld Betriebliche Sozialarbeit. In: bbs e.V. Hannover. (Hrsg.). 1995. S. 1 - 6.

Engler, Rolf: Über den Profit hinaus. Geschichte, Aufgaben und Perspektiven betrieblicher Sozialarbeit in Deutschland. In: Blätter der Wohlfahrtspflege. Heft 5. 143. Jahrgang. 1996. S. 121 - 123.

Falkenau, Marga: Sozialarbeit im Unternehmen. Ziele und Probleme betrieblicher Sozialberatung. In: Blätter der Wohlfahrtspflege. Heft 1. 136. Jahrgang. 1989. S. 21 - 22.

Freytag, Jürgen: Schweigepflicht in der betrieblichen Sozialarbeit im Verhältnis zum Direktionsrecht des Arbeitgebers. In: Suchtgefahren. 36. Jahrgang. Heft 4. S. 287 - 291.

Groß, Claudia: Mobbing am Arbeitsplatz. Aktuelle Forschungsergebnisse zu einem alltäglichen Phänomen. In: Sozial Extra. Heft 6. 25. Jahrgang. 2001. S. 25 - 29.

Henke, Uwe: Betriebliche Sozialarbeit. Versuch eines Vergleiches von Anspruch und Wirklichkeit. In: Sozialmagazin. Heft 2. 17. Jahrgang. 1992. S. 28 - 35.

Hübner-Umbach, Margot; Tschambler-Mailänder, Hildegard: Die Praxis betrieblicher Sozialarbeit. Das Beispiel Bosch – Voraussetzungen für betriebliche Sozialarbeit bei Bosch heute.  In: Blätter der Wohlfahrtspflege. Heft 5. 143. Jahrgang. 1996. S. 136 - 138.

Klein-Schneider, Hartmut: Zur Effizienz der betrieblichen Sozialarbeit. In: bbs-forum. Heft 2. 2. Jahrgang. 1995. S. 4 - 10.

Lau-Villinger, Doris: Die betriebliche Sozialberatung ist überholt! Die Machtlosigkeit der Sozialarbeiter und die Ratlosigkeit der Führungskräfte. In: Blätter der Wohlfahrtspflege. Heft 5. 143. Jahrgang. 1996. S. 126 - 129.

Nestmann, Frank: Förderung sozialer Netzwerke – eine Perspektive pädagogischer Handlungskompetenz? In: Neue Praxis. 19. Jahrgang. 1989. S. 107 - 123.

Niedermann, Peter: Vorbereitung auf die Pensionierung – Erwachsenenbildung im Unternehmen durch den Sozialdienst. In: Sozialarbeit. Heft 12. 1992. S. 21 - 24.

Reinicke, Peter: Die Sozialarbeit im Betrieb. Von der Fabrikpflege zur Betrieblichen Sozialberatung. In: Soziale Arbeit. Heft 6/7. 37. Jahrgang. 1988. S. 202 - 212.

Ritschard, Max: Wir brauchen Spezialistinnen und Spezialisten! Betriebliche Sozialberatung aus Sicht des Unternehmens. In: Sozialarbeit. Heft 12. 1992. S. 14 - 18.

Sachs, Angelika: „Darf's ein bißchen mehr sein?". Kundenorientierung in der Sozialberatung – Vorteile und Grenzen. In: bbs-forum. Heft 2. 3. Jahrgang. 1996.    S. 13 - 17.

Schwickerath, Josef: Mobbing am Arbeitsplatz. Aktuelle Konzepte zu Therapie, Diagnose und Verhaltenstherapie. In: Psychotherapeut. Heft 3. 46. Jahrgang. 2001.    S. 199 - 213.

Spreter, Tobias; Wagner, Robert: Betriebliche Sozialberatung. Auf dem Weg zur externen und privaten Dienstleistung. In: Blätter der Wohlfahrtspflege. Heft 5/6. 145. Jahrgang. 1998. S. 114 - 115.

Van der Laan, Karin: Von der „Menschenkenntnis zur „sozialen Kompetenz". Was die Sozialwissenschaften einem Wirtschaftsunternehmen anbieten können: Theorien, Konzepte, Werte. In: Blätter der Wohlfahrtspflege. Heft 5. 143. Jahrgang. 1996. S. 129 - 131.

Werber, Herta: Eine Idee von Sozialarbeit. Dargestellt am Projekt: Dienstleistungszentrum für Arbeitslose und Betriebsangehörige (DILAB e.V.) In: Soziale Arbeit. Heft 6/7. 37. Jahrgang. 1988. S. 221 - 224.

Werber, Herta: Sozialarbeit als freiberufliche Dienstleistung. Beispiel: Betriebssozialdienst für kleine und mittelständische Unternehmen. In: Blätter der Wohlfahrtspflege. Heft 1. 136. Jahrgang. 1989. S. 19 - 21.

Woinowski, Bodo: Suchtberatung in der Betrieblichen Sozialarbeit. Eine Standortbestimmung im Zeitalter von schlanker Produktion und Designer – Drogen. In: Blätter der Wohlfahrtspflege. Heft 5. 143. Jahrgang. 1996. S. 139 - 142.

Zapf, Dieter: Mobbing in Organisationen – Überblick zum Stand der Forschung. In: Zeitschrift für Arbeits- u. Organisationspsychologie. Heft 1. 43. Jahrgang. 1999. S. 1 - 25.

**Internetadressen:**

Bonnemann, Detlef; Rickal, Thomas: Diplomarbeit zum Thema: Schuldnerhilfe als Aufgabe sozialer Arbeit. 1997. http://www.uni-essen.de/tts/lehrangebot/verschuldung/. 22.09.01. S. 1 - 9.

Bremmer, Michael: Die Zukunft der Betrieblichen Sozialarbeit. http://www.bbs-ev.de/Skripte/html. 08.09.01. S. 1 - 7.

http://www.dgb.ds/themen/mobbing_05.htm. 03.10.01. S. 1 - 2.

http://www.dgb.ds/themen/mobbing_einfuehr.htm. 03.10.01. S. 1.

Http://www.fh-koblenz.de/koblenz/semrs/asAS5.html. 13.10.01. S. 1 - 2.

http://www.mobbing-net.de/body_mobbingtagebuch.html. 03.10.01. S. 1 - 2.

Leymann, Heinz: Mobbing: Definition. http://www.leymann.se/deutsch/12100d.html. 03.10.01. S. 1.

Münker-Kramer, Eva: Teamentwicklung. Eine Herausforderung für den/die OrganisationspsychologIn. http://www. boep.or.at/html/artikel2.htm. 09.10.01. S. 1 - 16.

Nagel, Erik: Prozessgestaltung deckt eingeschliffene Muster auf. Blinde Flecken erkennen.http://www.alpha-online.ch/archiv/texte/show_artikel.cfm?id=1999. 09.10.01. S. 1 - 2.

Referat 53. Erwachsenenbildung/Weiterbildung. http://www.mk.sachsen-anhalt.de/min/beruf/43beruflberuflich.htm. 13.10.0.1. S. 1 - 2.

Sauter, Edgar: Berufliche Weiterbildung in Deutschland – Strukturen und Entwicklungen. Vortrag auf der Fachtagung „ Zur Weiterentwicklung der beruflichen Bildung in Deutschland, Schweiz, Liechtenstein und Österreich Grundstrukturen, Analysen, Perspektiven" vom 14. bis 16. April 1997 in Berlin. http://www.bibb.de/publikat/reden97/19970414.htm. 12.10.01. S. 1 - 22.

WIFI-OberösterreichSchlüsselqualifikationen. http.//www.ooe.wifi.at/news/schlussel.htm. 13.10.01. S. 1 - 2. Wirtschaftswoche. Was sind Kernkompetenzen und Schlüsselqualifikationen? Http://wiwo.de/WirtschaftsWoche/Wiwo_CDA/0,1702,14054,00.html. 13.10.01. S. 1 - 2.

**Diplomarbeiten:**

Backes, Heinz: Diplomarbeit zum Thema: Mobbing am Arbeitsplatz – Eine Herausforderung für die (arbeits-) weltbezogene Seelsorge der Kirche? An der Theologischen Fakultät Paderborn. 2001.

Bonnemann, Detlef; Rickal, Thomas: Diplomarbeit zum Thema: Schuldnerhilfe als Aufgabe sozialer Arbeit. 1997. http://www.uni-essen.de/tts/lehrangebot/verschuldung/.

Ristig, Regina; Woditsch, Jutta: Diplomarbeit zum Thema: Betriebliche Sozialarbeit. Erstellung eines Konzeptes für die Firmengründung einer externen betrieblichen Sozialberatung im Wirtschaftsraum Göppingen. Hochschule für Sozialwesen FH Esslingen im Fachbereich Sozialarbeit. 2001.

**Fachliteratur (Unveröffentlicht):**

Konzeption der Sozialberatung der Deutschen Lufthansa DLH. Stand 30.01.95. S. 1 - 10.

Meiers, Josef: Die Entdeckung der Alten und der Altenbildung. Entwicklung eines Altenbildungskonzeptes. Einsichten 1994. Jahresbericht des Oswald-von-Nell-Breuning-Haus, Herzogenrath. S. 39 - 43.

*ibidem*-Verlag
Melchiorstr. 15
D-70439 Stuttgart

info@ibidem-verlag.de

www.ibidem-verlag.de
www.edition-noema.de
www.autorenbetreuung.de